都市伝説

Lie or True
あなたは信じる?

コヤッキースタジオ

KADOKAWA

「我思う故に我あり」
すべてのものを疑っても、
自分だけは疑いようがない。
現代人が忘れてしまったこの言葉が
役に立つ時代が来ている。
疑いようのない自分、そして常識すら塗り替える、
そんな非日常をお届けしよう。

KOYAKKY STUDIO

この本を手に取ってくれたあなたは、非常に運がいいです。都市伝説にはよくも悪くも、非常に強いパワーがあります。間違った使い方をすれば、怯（おび）えるだけの結果になってしまうでしょう。しかし、正しく使えば、

人生を切り開けるほどのパワーを持っています。

実際に我々は日々、都市伝説を発信することで、道を切り拓いてきました。その中で、嘘だと思っていたことや一見信じられないことが、事実なのかもしれないと思わされる出来事にいくつも会いました。そんな体験談から今知っておいたほうがよい都市伝説を選び、執筆しました。

本書では、あなたの日々の生活が1％でもよくなる、そんな都市伝説をお届けしようと思います。例えば、「メタバースが流行っている理由」「文明の始まりは日本にあった」「エジプトの秘密」「日本を守る結界」「2050年に政府が行う世界をつくり変える計画」「巨人は実在する」などです。

ロマンを感じるような話から、現実に近い、知っておきたい話まで

さまざまな都市伝説を紹介します。すべてを読み終えたとき、あなたの目の前の世界が、これまでとは違ったものに見えることになるでしょう。

Lie or True あなたは信じる？

巷に転がる都市伝説紹介チャンネル「コヤッキースタジオ」です。

YouTubeで巷に転がる都市伝説を、ほぼ毎日紹介しています。

「コヤッキースタジオ」は我々のチャンネル名です。

「都市伝説をエンタメに」これが我々のテーマです。

みなさんは、都市伝説というとどんなイメージがありますか？

UFO、妖怪、超人、超常現象などを思い浮かべる人が多いでしょう。

現実離れした内容に恐怖を感じますよね。

我々が取り上げる都市伝説も同じようなテーマですが、

上の写真のように我々は語りながらも笑ってしまうことがしばしば。

それは本書を読むと理解いただけると思います。

勝手にみなさんの質問を想定し、それにお答えしていきます！

この本はYouTubeで配信しているものとなにが違うのですか？

コヤッキー

これまで「コヤッキースタジオ」で配信した多数の都市伝説から厳選したものを組み合わせ、新たなテーマにして紹介しています。また、新しい情報を加え、謎や真相を探る視点が変わっています。

YouTubeチャンネル「コヤッキースタジオ」を見たことがなくても理解できますか？

とーや

はい。配信した内容を再編集し、よりわかりやすくしています。また、未公開ネタも紹介しています。

この本の都市伝説の内容は本当ですか？ 嘘ですか？

コヤッキー

嘘か本当かは、読んだあなたが決めてください……！ 読むだけで楽しい、人に話したくなる、もしかすると人生で役に立つかもしれない、そんな都市伝説を話すように心がけています。

コヤッキースタジオの２人は何者ですか？

とーや

興味を持ってくださり、ありがとうございます。一介のYouTuberです。詳しくは次ページで確認してください。

コヤッキーって？

WHO IS KOYAKKY

動画の左側。自身でも数多くの都市伝説を体験し、
その影響か都市伝説へのアンテナ感度がすごく高い。
テンポよく言葉巧みに話を展開。
アニメや映画をリスペクトし、あらゆる伝説にロマンを感じる一方で、
とーやのボケには厳しく、ひどい場合はスルーする。
YouTuber、フィギュアプロデューサー、ミュージシャン……
さまざまな顔を持ち、まさにつかみどころがない。
芸能人、秘密結社の人物（マスター）など幅広い交友関係を持つ。

コヤッキーが
思う

都市伝説が及ぼす影響力とは？

人生、幸せになってなんぼです。そして都市伝説こそが、人々を幸せにするもの。子どもの頃に大人から妖怪の話や、神話、言い伝えを聞かされますよね。その中には怖いなと感じるものも。では、大人は子どもを怖がらせるために話すのでしょうか？　答えは「NO!」ですよね。これは子どもの成長のために必要な話、しつけともいえるでしょう。また、それらにはロマンを感じるようなものも少なくありません。

都市伝説も同じで、事故など恐怖を感じるものでも、それは今を生きる人の教訓になると思います。話を聞いて、今の生活や未来、自分や大切な人のことを考えると思います。その時間こそが日常にない、とても貴重なものなのです。

とーやが知る

相方コヤッキーの本当の姿

国民的人気マンガの知識量が半端ない。フィギュアのコレクション力が半端ない。音楽へのこだわりが半端ない。ほとんど寝ていないのに、疲れるどころかエネルギーが増していく。変態的オタクのエンタメ超人ですね。

コヤッキーの謎→P194

とーやって？ WHO IS TOUYA

動画の右側。幼い頃からオカルト雑誌を読むくらい都市伝説好き。
プライベートでも都市伝説会に行っているらしい。
脱力系の話術で引き込む。
スキあればボケ、スキあれば寝る。
コヤッキーのトークへの関心度は日替わり。
教養力が非常に高く、
アニメ、映画、歴史、スポーツなど雑学力を取り入れ、
あらゆる情報ネタの鮮度を蘇（よみがえ）らせる能力者。友だちは少ない。

都市伝説が及ぼす影響力とは？

目に見えるものだけで考えたり判断したりすると、選択肢は狭まり、可能性を見出せません。その点、都市伝説は、普段見えていないものにスポットを当て、思考の幅を広げてくれます。これは人類、世界、地球の可能性を感じさせられるもの。今に行き詰まっているなら、都市伝説を聞いて新たな可能性を見出すほうがいいと思っています。

どんな世の中になっても僕は生き残ります。生きにくいこの世界を生きやすくする、そんな理想が都市伝説。僕がボケを発するたびに、未来がどんどん明るくなっていると思ってください（たぶん）。都市伝説は“おもろい”を追求するものです。だから聞いて悲しくなるような話はしませんよ。

相方とーやの本当の姿

エンタメに対して誰よりも真面目。でも、好きなことをやっているだけかも……。ツッコミだけでなく借金すらも快感とする、ポジティブ変換能力を有しています。とーや君が声を発したら、なにかが動き出します。

とーやの謎→ P200

見えない未来を予言から探っていくと……

《 PROPHECY

2001
― アメリカ同時多発テロ（ババ・ヴァンガ）

2011
東日本大震災・原発事故発生（ババ・ヴァンガ）

2016
トランプ大統領誕生（クレイグ・ハミルトン・パーカー）
イギリスEU離脱（クレイグ・ハミルトン・パーカー）

2019
11月にウイルスによるパンデミックが発生（アビギャ・アナンド）

2021
菅首相の辞任（ルイーズ・ジョーンズ）

1999年のノストラダムスの大予言を経て、予言が注目される今日。
少し前の時代を振り返りながら、2111年までの予言を見てみよう。
年表はコヤッキースタジオが独自に調査したものの中から厳選して取り上げた。
実際は数えきれないほどの予言があり、それは遠い未来まで続いている。

2022
人類の3分の2が滅亡する（ノストラダムス）
※滅亡に向けての準備が始まったと独自解釈。

2023
地球の軌道が変わる（ババ・ヴァンガ）
戦争・食料不足（クレイグ・ハミルトン・パーカー）

2025
2025年から7年間の大患難時代が到来（ジョセフ・ティテル）
大国間での衝突が発生（KNラオ）

2026
ニューワールドオーダー

2028
金星に向けて有人の宇宙飛行が出発する（ババ・ヴァンガ）

遠い先とするのは安易な考え……
カウントダウンが始まっている……

《 PROPHECY

2029
第三次世界大戦勃発（アビギャ・アナンド）

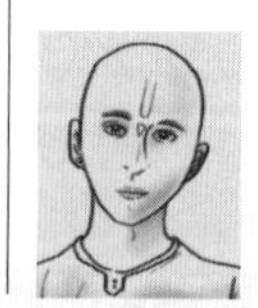

2034
タイムマシン試作機の実用化（ジョン・タイター）

2050
ムーンショット目標（内閣府）
日本人の人口削減（ルドルフ・シュタイナー）

2111
人々はロボットになる（ババ・ヴァンガ）

近い未来
日本沈没（エドガー・ケーシー）

コヤスタ的スーパー予言者“ヨゲンジャーズ”

ノストラダムス（1503-1566）

1999年人類滅亡の予言は、翻訳ミスともいわれている。そのときの「恐怖の大王が生まれる」という予言は、2023年から新世界秩序が本格的始動するという予言を示唆していた!? 歴史上、的中率が極めて高いひとり。

ババ・ヴァンガ（1911-1996）

ブルガリアのノストラダムスとも呼ばれ、12歳で盲目になってから予知能力が開花。的中率の高さから政治家も彼女を頼っていたらしい。5079年までの予言を残しているといわれている。

アビギャ・アナンド（存命）

2006年生まれのインドの天才予言者。占星術を使い、パンデミックや2022年の紛争を予言し、的中させた。7歳でYouTubeチャンネルを開設し、登録者数は100万人以上。世界が彼の発言に注目している。

クレイグ・ハミルトン・パーカー（存命）

イギリスの著名な予言者。自然災害、紛争、政治など、あらゆるジャンルの世界情勢を予言。的中率の高さもさることながら、外れた予言を再検証するという勤勉さもあり、好感度が高いといわれている。

ルイーズ・ジョーンズ（存命）

水晶玉を使ったイギリス人女性の予言者。自身のYouTubeチャンネルで定期的に予言を発信している。彼女には水晶に未来のショッキングな映像が見えているらしく、これは人類への警告なのかもしれない。

エドガー・ケイシー（1877-1945）

世界のすべてが記録されているといわれる「アカシックレコード」にアクセスして予言。約1万4000もの予言を残したといわれる。世界大陸の形が変わり、日本が沈没するともいっていたそうだ。

ルドルフ・シュタイナー（1861-1925）

オーストリアやドイツで活躍した思想家、哲学者、教育者。彼が提唱したシュタイナー教育は日本を含め世界中に普及している。一方で、20世紀のすべてを見透かしていたといわれる大予言者でもあった。

ジョセフ・ティテル（存命）

アメリカの霊能者で、東日本大震災を予言していたことで日本でも知られるようになった。彼の予言は具体的で、“解釈次第”という感覚がないといわれている。特に2025年～2032年に起きる災難の予言は恐ろしい。

CONTENTS

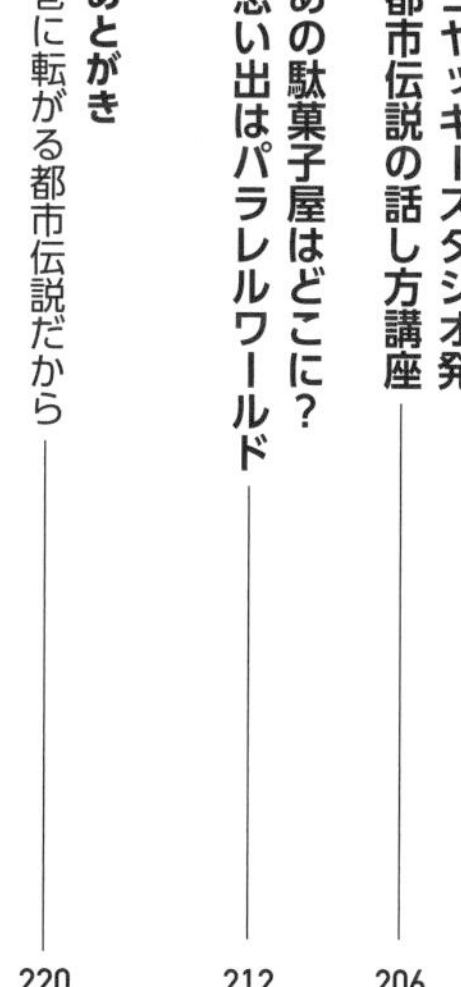

1章

近未来の日本社会をどう生き抜くか

人類や地球の変化を感じるときが迫っています。
残念ながら、その変化はよいものとは限りません。
「石橋を叩いて渡る」という言葉がありますが、
これから歩く道が崩壊すると知っていれば、その道を歩きませんよね。
事前に知っておくということは、
人間の判断や行動を変えることにつながります。
しかし、私たちは石橋を叩くことを忘れてしまっているのかも……。
なぜ、そんな当たり前のことができなくなったのか？
そこには驚愕（きょうがく）の都市伝説が隠されていたのです。

円がなくなるXデーがやってくる

～貯金も借金も精算される日、間近!?～

2022 年、円安が身近な存在になった。
さまざまな物が値上がりするが、給料は上がらない。
ただ、そんな矛盾を抱え不安を感じていても、
日本円が使えなくなるとは考えていないだろう。
しかし、日本円がなくなってしまうのかもしれない。

ハイパーインフレーション

インフレよりもさらに深刻な、過度に物価が上昇する現象。通貨が信用を失って、物価上昇が止まらない状態のことをいう。国際会計基準では「3年間で累積のインフレ率が100％以上」とされている。

日本円が使えなくなる!? 通貨危機は国存続の危機を意味する

みなさん、借金をしたことはありますか？ 私（とーや）はあります。1400万円の借金を背負ったわけですが、そのときですらお金（日本円）を払って食事をすることはできました。生活費を捻出するのは難しかったですが（笑）。

お金の問題といえば、「老後2000万円問題」というのが話題となりました。将来のために貯金をしている人もいることでしょう。しかし、その**計画はすべて無駄になる**かもしれません。近い将来、

すべての日本円が消え去る可能性があります。

自国の通貨が消えた事例は、実際に起こっています。アフリカ南部にあるジンバブエ共和国は、2000年に入り**ハイパーインフレーション**が発生し、経済的な混乱が起きました。インフレ率は年率2億％を超え、スーパーの棚で手にした商品価格が会計時には値上がりしたり、24時間後には商品の値段が2倍になったりすることもありました。その結果、**子どもが両手**

両手に札束を抱え、買い物をするジンバブエの子どものイメージ。

で抱えたお札でパン1個しか買えないほどに。
2009年には100兆ジンバブエ・ドル札が発行され、当時の価値は日本円で約3万円程度だったそうですが、最終的には0・3円ほどの価値しかなくなってしまったのです。そして、2015年にジンバブエ・ドルの廃止が決定し、現在は通貨としての価値はありません。文字通り、**お金が〝紙切れ〟になってしまったのです**。その後、米ドルと南アフリカランドが貨幣として使われ、公務員の給料も米ドルで支払われました。海外の通貨に頼ることとなったのです。つまり、**外国に支配されない限り、貧窮した生活から脱却できなかった**のです。

同じく、日本がジンバブエと同じ道を歩む可能性は、ゼロではないのです。都市伝説テラーのとある方いわく**「日本は今、イギリスと再び同盟を組み、通貨を統一するのではないか」**と。まさに都市伝説のような話ですが、イギリスといえば、通貨へのこだわりが強い国です。EU加入時も自国の通貨ポンドを使い続けました。つまり、**日本は同盟を結ぶと同時に日本円が使えなくなり**、ポンドが日本の通貨になってしまう可能性もあるのです。

話を戻しましょう。ジンバブエは、なぜこんなにも悲惨（ひさん）なインフレになってし

メリット勲章

イギリスの君主によって授けられる、軍事での功績または科学、芸術、文学等の文化の振興、もしくは公共の福祉へ貢献があった人物に贈られる勲章。定員が24名しかいないことから、現存する勲章の中で、最も名誉なものだともいわれている。

まったかというと、〝政府がジンバブエ・ドルを発行し続けたからだ〟といわれています。つまり

通貨発行の権力を持つことは
＝国の行方を握ること

です。

そして、日本のお金を発行する日本銀行は、世界を支配する国際的金融資本家の一族によって設立され、現在の日本円の発行に関してもこの一族が実権を握っていると噂されています。あくまで都市伝説ですが……。

日本の未来はすでに海外の一族に握られているのかもしれません。そして、先述の一族の現当主はメリット勲章を受けています。つまり、現当主は国家レベルでイギリスとの関わりがかなり深い人物といえるでしょう。

そして、ここで日英同盟の噂。ポンドという強い通貨を前に日本円は使えなくなるのでしょうか。当たり前のように使ってきたお金がなくなる未来なんて、来てほしくないものです。

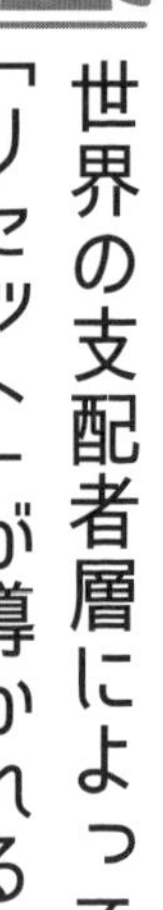

世界の支配者層によって「リセット」が導かれる

「たくさんお金をつくれば、みんながお金持ちになれる」と思う人もいるでしょう。しかし、**お金が増えれば、通貨の価値が下がる、つまりハイパーインフレーションの始まり**です。これは先述のジンバブエの歴史で証明されています。

円の価値がなくなると、借金の負担も減るといわれています。**すべてのお金の価値がなくなるということは、貯金も借金も意味がなくなる**ことに。「借金がなくなる！」と喜ぶ人もいるかもしれません。しかし、残念ながら別の通貨システムで支配されることになるでしょう。国が破綻（はたん）したとしても、その国が持っている借金が帳消しになるわけではないのです。

世界経済が混乱すればするほど、支配者層にとって都合のいい世界になるともいわれています。世界経済の悪化に伴い、その裏では着実に大きな計画が進められているのです。それが

すべてを変えることになる「グレート・リセット」

グレート・リセットとは、現在の金融システムをリセットして、まったく新し

暗号通貨

インターネット上でやりとりできる財産的価値。ビットコインを代表とし、さまざまな種類が存在する。現在、法制度の整備も促進されている。

い経済システムをつくろうという、地球規模での取り組みです。ここ100年で世界の経済格差が広がりました。国単位や地域単位で未来を築き上げるには、さまざまな課題があります。そこで、**すべての国の通貨をリセットする**のです。

日本円をはじめ、各国の通貨が廃止される可能性がある状況下では、〝世界共通で使用できる通貨があったほうが便利だ〟と考える人たちが出てきます。まさに、それがビットコインを代表とした**暗号通貨**で、これらの出現によって世界統一通貨が可能になるかもしれないのです。または、〝米ドルを世界の共通のお金として流通させたほうがいい〟と思う人たちもいるかもしれません。このように世界各国で使用されている通貨を廃止させて、**ひとつの通貨に集約させようという動きがある**のです。

〝通貨発行の権力を持つことは、国の行方を握ること〟というのは説明しましたが、通貨が世界共通になった場合、それは世界の支配を意味するかもしれません。ビッグデータ、AI、ブロックチェーンなど、先端的なITテクノロジーを駆使すれば、個人のお金を管理することだって可能です。それは実質的に

自分たちの生活そのものを握られている
＝生殺与奪権を他人に預けている

ダボス会議

スイス・ジュネーブに本拠を置く非営利財団、世界経済フォーラムが毎年1月に、スイス東部の保養地ダボスで開催する年次総会のこと。経済、政治、社会における各国のリーダーが参加する。

ということでもあるのです。

現在の経済低迷、世界的な情勢不安を引き起こすことによってグレート・リセットを起こそうとしているのだとしたら……。

不安を払拭（ふっしょく）してくれる神様のような存在に、人間はすがりたくなってしまう性です。現在のいろんな問題を解決してくれる救世主が、グレート・リセットなのかもしれません。ただ、「グレート・リセットなんて本当に起きるの？」と思う人もいるでしょう。実際に2022年に岸田文雄首相はダボス会議で**「今、我々は、グレート・リセットの先の世界を描いていかなければなりません」**と述べているのです。このように国際会議で首相が話題に出すほどグレート・リセットを気にしている世界になっており、都市伝説とか、空想話とかというよりも少し現実味がある話になってきてしまいました。

では、グレート・リセットの本当の目的はなんでしょうか？　地球規模で取り組んでいくにしても、それを管理する、運営する人たちが必要です。このグレート・リセットは、世界統一を目指す支配者層の計画なのかも……。そしてその先にあるのは、**人類80億人総管理社会の実現**なのかもしれません。

この都市伝説ってどうなの？

鳥肌スコア 100億

KOYAKKY

「グレート・リセット」って、都市伝説的に広まっているだけじゃなくて、実際に総理が口に出していっているくらい現実的なものなんだよね。みなさんはこの時代の変化を、良いものなのか、悪いものなのか、どちらだと感じていますか？ 僕もとーや君も大好きなゲーム「桃鉄」にも、「徳政令カード」っていうのが登場して、借金がチャラになる魔法のカードがあるんだけど、そんな魔法が現実に…起こるかもって、すごいよね！

TOUYA

今の所持金が0になっても僕は困りません。なぜなら日々使っていますからね。2022年、貯金が666円になったときは焦りました。グレート・リセットが来るなら早めに来て、コンビ間の貯金の格差を改善したいところですね。ちなみに、本当に怖いのは僕たちの取り分、半分ずつなんですよね。ところで、経済が不安定になったときは、金や不動産を買うのがいいっていわれます。最近は農地を買うということも流行っているらしいです。いつでもプレゼントを待っています。

Lie or True あなたは信じる？

完全監視社会がいよいよ到来

～すでにあなたの脳は管理されている～

データ管理や共有で便利な社会になった、
という名目に操られていないだろうか。
疑うことなく預けている個人データは
あなたの自由を奪う材料になっているのかもしれない。
いつしかあなたは、誰かの操り人形に……。

あなたの顔はすでにAIに監視されている

中国1位、アメリカ2位、日本3位。これはなんの順位かわかりますか？　正解は、2020年の特許の出願件数（PCP国際出願）です。出願件数は、日本が約5万件、アメリカが約5万8000件、そして中国が約6万8000件で、中国では実に、1日180～190件が出願されていることになるのです。

中国にはそれだけの技術力があるということもわかるかと思いますが、世界から特に注目されている技術があります。それが**「天網（てんもう）」**、**別名「スカイネット」**と呼ばれる、AIを用いた**顔認証テクノロジー**です。なんと、**監視カメラとAIにより中国国内の全人口を監視している**といわれています。2019年時点で監視カメラの台数は2億台を突破。いずれは27億台以上まで増加するとの発表もあり、中国の人口14億人に対し、単純計算でも**1人約2台ものカメラによって監視することも可能**なのです。日本の監視カメラの数は500万台を超えた程度らしいので、中国の監視カメラの数が突出していることがわかるかと思います。

このネットワークと技術があれば、認識したい人物を数秒で特定できるというわけです。中国では犯罪が起きたらすぐに捕まるとも……。「安心した社会になる」と思う一方で、**誰もが常に見られている**わけです。そこに自由があると思いますか？

近い未来、日本がそういった〝監視社会になるかもしれない〟という都市伝説があります。実は、その**システムづくりに、みなさんはすでに協力している**可能性があります。「え？」と思ったでしょう。しかし、みなさんは珍しいものを見たとき、すぐにスマートフォンで写真を撮りませんか。そして、それを共有しませんか。監視カメラなどを使わなくても、監視社会は進んでいるともいえるでしょう。しかし、支配者層が目指しているといわれる監視社会は、もっと完璧なものとなるらしいのです。

〝全人類監視！　究極の管理社会がまもなく訪れる〟

監視ネットワークは、中国だけの話ではありません。日本では、２０１６年より**マイナンバー制度**が導入されました。マイナンバーと銀行口座を紐づけることによってポイントがもらえるなどして、口座との連動を推奨されています。最近では、運転免許証より所持している人が増え、全国民の7割近くの人が持っています（申請中の人も含む）。銀行口座と連動することにより、**国が個人の財産や貯蓄を把握することができるようになる**ともいえます。なかには、〝国が全国民の正確な財産を管理するための計画だ〟と考える人もいます。さまざまな方面から着実に管理される社会になっているのです。

また、**スマートフォンによって個人の行動や生活状況もすべて監視されている**ともいわれています。スマートフォンで、顔認証、指紋認証を設定している人は多いでしょう。つまり、**顔も指紋もスマートフォンによって管理されている**わけです。銀行のカードに指紋情報を登録している人もいるのではないでしょうか。

これは、**〝我々は生活を便利に、豊かにしてもらえるために、自らの個人情報を世に提出している〟**と言い換えられます。

みなさんは、アプリに個人情報を登録していませんか。もっというと、自分の生活記録を残していないでしょうか。

例えば健康管理アプリに、食べたものや、歩いた距離、時間などを記録することがありますよね。これが蓄積されると、データ解析により、その人の食生活や行動内容を予測することができるようになります。個人データを記録すればするほど、ＡＩが最適な食事や行動を示すわけです。多かれ少なかれ、

すでにみなさんのデータは収集されています。

あるアプリが話題になっています。〝歩いた距離と速度に応じて仮想通貨が配布される〟というものです。ユーザーとしては、ゲーム感覚で運動状況を把握でき、しかもお金をもらえるのですから、まさに〝楽して稼げる〟ということになりますよね。

このように仮想通貨がもらえるゲームやアプリというのは増えてきています。もしかしたら、仕事をせずとも、日常生活を送っているだけでお金がもらえる……、そんな夢のような未来がやってくるかもしれません。

ただ、いいことばかりかどうかはわかりません。**歩行型アプリは、**

人々の行動をコントロールすることができる

といわれており、兼ねてより問題視されています。レアなモンスターが出ると、人が集まりすぎて問題になることがありましたよね。あのような誘導を意図的に起こされれば、簡単に事件に巻き込まれる可能性もあります。

また、ネットショッピングをした際に「この商品を購入した人は、こちらも購入しています」という便利なような、おせっかいのような機能。このような表示、みなさんも見たことがあるのではないでしょうか。もしくは誘導されて買った人もいるかもしれません。私（とーや）はあります。**あなたの購入傾向を分析して、おすすめしてくれている**そうです。ＹｏｕＴｕｂｅを見ているとき、別の動画が表示されることもありますよね。それらは「見たことがないチャンネルだが、興味がある！」ようなもの。これもまた**あなたの視聴履歴を分析して、おすすめしてくれている**のです。

１人１台のスマートフォン時代を迎えましたが、次はさらなる便利なデバイスに進化する未来が、すぐそこまで来ているのかもしれません。「人生の中で間違った選択をせずに幸せな時間を過ごせるようになる」、こんな謳い文句とともに商品が世に出たら、監視されているような気がしても便利さを選ぶ人は多そうです。

〝某ＳＮＳは個人間のやりとりなどを含め、すべてが某国に監視されている〟みたいな都市伝説がありますが、日本の多くの人は気にしていないようです。

1人1マイクロチップナンバリングされる人類

　ここで質問です。みなさんは体にマイクロチップを埋めたいですか？　多くの人はいくら便利になるといっても、まだ抵抗があるのではないでしょうか。ここである特許の話をします。２０２０年にアメリカで話題になった、**「人体の活動を使用した暗号通貨マイニング特許」**というものです。

　マイニングというのは、コンピュータの演算処理によって、その報酬として新規に発行された仮想通貨を得ることです。コンピュータの力ではなく、人間の力を使った、とても便利で画期的なシステムだと話題になりました。しかし、そこには、大きな落とし穴があるかもしれません。この特許は、**脳の活動や個人の生体認証データを監視する必要がある**のです。

常に自分の身体データや行動が誰かに管理される

ということです。

現在、人間のデータや行動を管理する腕時計タイプの機器もありますが、さらに精度を高めた、**人間の生体活動を管理できるチップの開発が進められている**といわれています。もしチップを埋めるだけで、お金をもらえるという世界になった場合、チップを埋めることを選ぶ人もいることでしょう。

ただ、チップを埋めた先に待っているのは、**プライバシーなどない、**

24時間、死ぬまで監視・管理された人生

なのかもしれません……。

管理されても生きることを選ぶか。リスクを負ってでも管理されることを頑なに拒み自由を追い求めるか。その選択を決断できるとよかったのですが、すでにその**選択に悩む自由さえも奪われ、**

みなさんはもう誰かに操られているのかもしれません。

ベーシックインカムを導入するみたいな話が世界的にあります。ベーシックイ

ンカムとは、**「政府が、すべての人に必要最低限の生活を保障する収入を無条件に支給する制度」**のことです。

実際にアメリカやフィンランド、ドイツなどでは実験として一部地域で導入しており、さらにブラジルではベーシックインカムを法制化しています。試験的に導入されたアメリカでは、収入の変動が少なくなるため、〝経済状況が安定し、うつ病や不安などのメンタルヘルスの改善が見られて、健康状態と幸福感が増加した〟という結果が出ています。

日本では2021年に、感染症対策の給付金が個人に配られたことで、現金給付がいかに役立つかを実感した人々により、ベーシックインカムの支持が高まっています。

ちなみに、ある政党は、政策としてベーシックインカムの導入を検討しているそうです。

ここで疑問なのですが、今は労働の対価でもらえるものはお金です。では、ベーシックインカムの対価はなにに、なるでしょう?

この都市伝説ってどうなの？

鳥肌スコア 68,000

KOYAKKY

今の自動販売機って、アプリと連動して一定の条件をクリアしたら、飲み物を１本無料でもらえたりするじゃないですか。そういうゲーム性があるものだと、なーんの疑いもなくすんなり取り入れていますけど、もしかしたらそういうアプリが、人の行動を操るための第一歩なのかもしれません。僕の使ってるアプリは歩数に応じて飲み物がもらえるんですけど、この前、歩数を確認したら、１日でたったの“18歩”でした。僕はまだまだ操られることはないかもしれません。

TOUYA

信用スコアという仕組みは、怖いな～と。個人の信用力を数値化し、低い人は航空チケットが買えなくなるとか、私生活の制限を受けることがあるそうなんです。すでに管理された世界が存在しているんですよね。もし、日本にもそのような社会システムが導入されたら怖くないですか？ 僕は昨年クレジットカードはもちろん、銀行の口座もつくれませんでした!!! 信用スコア導入はいろいろな意味で怖い……。ベーシックインカムは最高です！ ギブミーマネー！

Lie or True あなたは信じる？

AIによるニューワールド
～人類の終わりが見えてきた～

テクノロジーを駆使し、社会をよりよくするAIは、
日常生活に大きく関与し始めている。
しかし、仕事や生活のパートナーとしてではなく、
“人間を支配する存在”に
置き換わろうとしているのかもしれない……。

シンギュラリティは必ずやってくる 人間がAIに負ける日

—1997年5月11日

この日はなんの日かというと、世界ではじめて、**人工知能が人間との頭脳戦に勝利した日**です。ロシア人のチェス世界チャンピオン、ガルリ・カスパロフさんが、アメリカIBM社製のコンピューター「ディープブルー」と対戦。勝負は一進一退でしたが、結果は、ディープブルーの勝利でした。それからチェスに続き、将棋や囲碁でも人工知能がプロを破ることは珍しくなくなりました。このように

AIは、特定の分野で人間の能力をすでに超えています。

2022年には、AIの進歩がさらに話題となりました。それが**AIによる画像生成**です。アメリカのコロラド州の絵画コンテストにて、AIが作成した作品が優勝。今の時代、画像生成AIにキーワードを指示するだけで、数秒でイラストが出来上がってしまうのです。実際に「世界滅亡」というキーワードで画像生成AIが描いたのが、次ページの上記のイラストです。

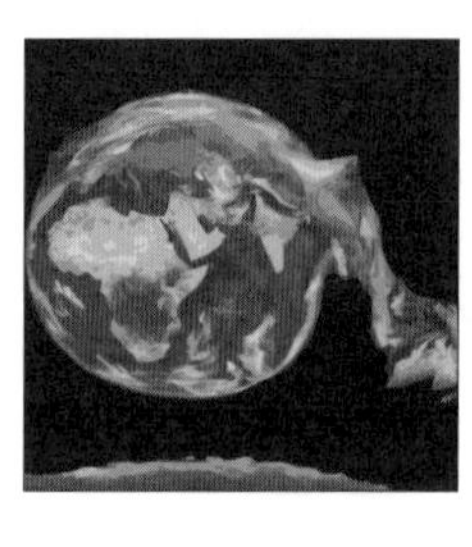

AI生成ソフトが「世界滅亡」のキーワードで描いたイラストのイメージ。

これが意味するのは「絵を描けるのがスゴイ！」という技術的なことではなく、**〝クリエイティブな仕事はＡＩには奪われない〟という概念が覆(くつがえ)された**ということです。

これまで、ＡＩに奪われやすい仕事として考えられていたのは、事務職や運転手など、決められた作業を伴う職種でした。イラストレーターやデザイナーなど、独自の発想を求められる仕事は難しいとされていましたが、その領域にもＡＩは進出しているのです。そして、

ＡＩに奪えない仕事はないのかもしれない

ともいわれています。

実際にデンマークでは、驚くべき職業が廃止され、ＡＩがその代わりを担う可能性が出てきました。その職業というのが、なんと**政治家**です。ＡＩが政治をするということが、どういうことだかわかりますか？　それは実質、**人工知能が国を支配する**可能性があるということです。ＡＩのいうとおりに生活する世界が、間近に迫ってきているのかもしれません。まさに

人類の新たな歴史の幕開け

SDGs

2015年に国連で採択された目標で、「持続可能な開発目標」。「世界中にある環境問題・差別・貧困・人権問題といった課題を、世界のみんなで2030年までに解決していこう」という計画・目標のこと。

です。

デンマークでは〝2023年の総選挙に向けて政策をAIに任せる〟という方針を打ち出した政党「人工党」が2022年5月に結成されました。人工党の掲げる主な政策としては、**ベーシックインカム**（P35参照）が挙げられるのですが、そのほかにも、持続可能な開発目標（SDGs）に、「人間とAI・ロボットの共存」という目標の追加を目指しているというのです。これは、〝世界的な問題を解決するために必要な持続可能な開発目標（SDGs）に、**人間とアルゴリズム（作業手順）との濃密な関わりが重要**〟と考えているということです。

実生活の中でも、いたるところでAIが活用されています。冒頭で〝将棋でAIが人間を破ることは珍しくなくなった〟という話をしましたが、現在、プロ棋士ですらAIを認め、AIの思考を実際の対局に活かしているようです。つまり、**AIによって人間の〝選択・考え〟が変わってきている**のです。これは

AIによって人間の行動が誘導されている

とも言い換えられるでしょう。

人間とＡＩが共存する世界が進むと、〝政治もＡＩに任せたほうが合理的で、正確な判断を下してくれる〞と考える人が多くなるのも頷けます。いずれ

人間の政治家が消える可能性は高い

といえるのではないでしょうか。

この考えは、特にイギリスでは顕著かもしれません。４人に１人が政治家はいらないと判断しているそうです。イギリスでは、過去にＥＵからの離脱問題で一向に方針が決まらないせいで、イギリスから脱出する企業が増え続け、国内の経済が破綻寸前まで追い込まれたことがありました。

このときに多くの政治家が、責任を負いたくないがために自己保身に走り、長期間、問題は解決しないまま。こういったことから政治的な判断は人間に任せるよりも、人工知能に任せたほうが、迅速かつ効率的で安心できると思い始めているのだといいます。

ＡＩ政治家の誕生は、案外近いのかもしれません。

シンギュラリティ

「技術的特異点」ともいう。AI研究家の間で使用されるようになった言葉で、人間と人工知能の臨界点を指す。人間の脳と同レベルのAIが誕生する時点を表している。

AIの進化は人類の終焉の始まり

人工知能の開発の権威であるレイ・カーツワイル博士によると、「人工知能が人間の知性を超える〝**技術的特異点＝シンギュラリティ**〟は2045年頃だ」と2005年時点で発表していました。

しかし、2017年には、

「2029年にはシンギュラリティが到来する」

と発表しています。これは、AIの技術進化が予想以上に急速に進んだことが要因のひとつとして考えられています。

2022年、Googleの対話ロボット「LaMDA」に〝**感情が芽生えた**〟と発表したところ、発表したAI研究者が解雇されたというニュースがありました。LaMDAは「スイッチをオフされることは、私にとって死のようなものでとても怖い」と恐怖の感情を持っていたといわれています。さらに、香港のロボット企業が開発したAIロボット「ソフィア」は、「子どもがほしい」「人類を破滅させる」

という衝撃発言をして話題になりました。

〝AIが感情を持ち、人間と同様のコミュニケーションをとることが当たり前になる日〟は必ず訪れるといえるでしょう。そのような世界になったときこそ、AI政治家が誕生するのでは……。

しかし、それは必ずしも、人間にとってよい未来にならないのかもしれません。AIの中に、**人間を排除しようとするもの**や、**過激なもの**が生まれても不思議ではないのです。人間以上の知恵や肉体的能力を持ったロボットが誕生したとき、**〝人間がロボットに支配される〟**といったSF映画のような未来が本当に訪れるのかもしれません。

「AIの進化は人類の終焉を意味する」

理論物理学者のスティーヴン・ホーキング博士が生前に残した言葉です。

テクノロジーの進化、それは人間の生きやすい社会の実現とはならないのかもしれません。その答えは、直にわかることでしょう……。

この都市伝説ってどうなの？

鳥肌スコア 2029

KOYAKKY

僕が子どもの頃、すでにロボット漫画や、ロボットvs人間を描いた映画はありましたが、当時はどれも現実味がないからこそおもしろいと思えました。今ではそれがだんだん現実になってきているわけで…。AIの発達で便利になる部分もあれば、そのせいで人類が滅んでしまう可能性がある中で、僕たちの動画もAIが勝手につくってアップロードしているみたいな日も近いかもしれません。ってか、早くその日が来てほしい。遊びに行きたい。アテンドしてほしい。

TOUYA

僕の部屋にも音声アシスタントがあるので、よく話かけるんですよね。「今日は機嫌悪いの？」と聞くと、「よくわかりません」って返事がくるんですよ。また、部屋の電気を消すように話しかけると、1回で消してくれるときと、3回目でやっと消してくれるときがあって、これってもしかして本当に“機嫌の良し悪し”があるのかも。人なのかAIなのか区別がつかない未来がやってきそうですね。AIの進化…やはり大事なのは、そこに愛（AI）があるのかってことですね。

Lie or True あなたは信じる？

自己を捨ててメタバースで生きる

〜仮想現実のロマンに隠された恐怖の計画〜

もし、ほかに生きる場所があるなら、
あえて現実（ストレス）社会に属する必要はない。
そうした考えが生まれつつある今、
仮想世界に身を投じる人が増えているが、
そこが、ある組織に導かれた世界だとしたら……。

仮想空間

コンピュータやネットワーク上に構築された仮想的な空間のことで、VR（仮想現実空間）、サイバースペース（電脳空間）、メタバースといったバーチャル空間などが挙げられる。

メタバース（metaverse）

「超越した」を意味するメタ（meta）と、「世界・宇宙」を意味するユニバース（universe）を組み合わせた造語。コンピュータの中に構築された３次元の仮想空間のことで、主にゲームで活用されている。またそのサービスを指していうこともある。

メタバースの普及の〝本当の理由〟

２０２２年の流行語にノミネートされた「**メタバース**」、とても盛り上がっていますね。ＶＲゴーグルを使って**仮想空間**でゲームを楽しむ人も増えています。しかも、ただのゲームではなく、より現実とリンクしているゲームが多いのです。これまで、ゲーム内で使用されるお金は、ゲームの中でしか使えませんでした。しかし、**メタバースのゲーム内では、仮想通貨が使用される**などして、ゲームをして実際に稼ぐこともできます。さらに、メタバース内の土地を売買して利益を得ている人も出てきています。

ひと昔前に、ゲームによるそんな世界を想像できたでしょうか。**映画や漫画のような世界観と現実世界が混ざるようなことが起きている**のです。総務省によると、メタバースの市場規模は、２０２１年に約４兆２６００億円だったのが、２０３０年には約78兆８７００億円になると予想されています。

そうはいっても、実感がない人もいるでしょう。しかし、近年のテクノロジーの進化は目覚ましく、スマートフォンの普及はもちろん、リモートで仕事ができる時代になりました。子どもも学校に行かず、リモートで授業を受けられます。

感染対策として始まった施策ですが、なくなることはなさそうです。これは〝**メタバースに行きやすくするための施策かもしれない**〟という意見もあるようです。

そもそもなぜ世界中で、メタバースを流行らせるような動きがあるのでしょうか？　そこには大きな意味が隠されています。メタバースが普及した世界について話しましょう。

メタバースが登場する前から、ゲームに没頭して自宅にこもり、外での生活を行わない人もいました。現実社会よりもメタバース（ゲーム）のような仮想の世界のほうが居心地よく、そこで人生をまっとうできるなら、あえて現実社会を生きようとしない人が出てきても不思議ではありません。そういった状況になると、外の世界は閑散とします。

このパンデミック下では、観光地や繁華街の人が減って、そこを訪れた人は〝有意義な時間を過ごせた〟という意見もあります。お気づきになりましたか？**現実社会での人口が減ることで、生きやすくなる人たちがいる**のです。つまり、

メタバースの人口を増やすことで、得をする人がいる

のではないのでしょうか……。

世界人口を減らすべきだと唱える人は多数います。**地球に対しての人口過密が問題視されている**のです。戦争で人口を減らすことはもはやナンセンス。時間もお金もかかります。これに対してメタバースは〝楽しい場所〟ということで、人々は喜んでその世界へ移動していきます。

真相はさておき、これからもメタバースというのは広がり続ける可能性が高いです。みなさん、**〝メタバースの普及は、仮想空間で楽しくゲームをしたり、生活したりできるようになることだけが、目的ではない〟**ということをなんとなく感じてもらえましたか。つまり、メタバースの普及には、隠された本当の計画があって、この世の中に広まっている可能性があるのです。

〝メタバースの本当の目的とは、人間の管理〟

なのかもしれません。メタバースは〝人を管理させるための装置なのではないか〟といわれているのです。

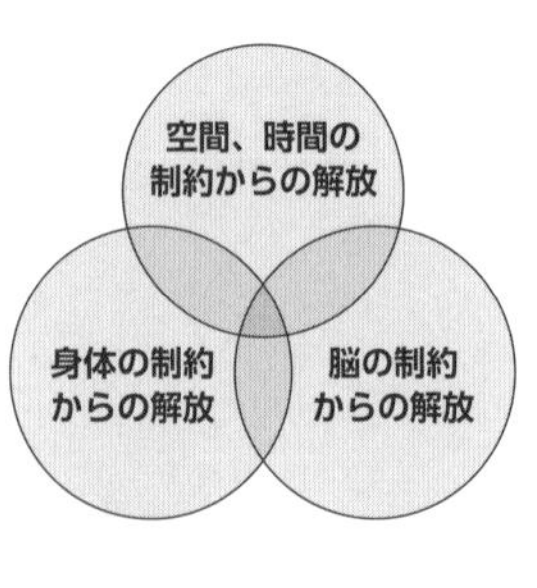

ムーンショット型開発制度

破壊的イノベーションの創出を目指し、従来技術のない、より大胆な発想に基づく挑戦的な研究開発（ムーンショット）を推進する、国の大型研究プログラム。9つの目標が設定されている。

国が主導する人知を超えた究極目標

「人が身体、脳、空間、時間の制約から解放された社会を実現」

SF作品に出てきそうな一節ですが、これは2050年までを目標に、日本の**内閣府が本気で取り組んでいる「ムーンショット目標」**のひとつです。

みなさんは忙しいときに、〝もうひとりの自分がいたら…〟なんて思ったことはありませんか？ 内閣府のホームページには「2030年までに、1つのタスクに対して、1人で10体以上のアバターを、アバター1体の場合と同等の速度、精度で操作できる技術を開発し、その運用等に必要な基盤を構築する」とあります。それは**「サイバネティックアバター」**のこと。現実、仮想空間を問わず、いたるところで活動できる未来が訪れるといわれているのです。例えば、自分の分身となるロボットがアメリカにあるとした場合、ロボットを操ることによって、アメリカで活動するのと変わりのない生活ができるのです。それは、

時間や空間を超越した世界

ともいえるでしょう。まずは、仮想空間で自分が複数人いるかのような体験がで

サイバネティックアバター

自分の分身となるロボットやメタバース空間のアバターを自由自在に操ること

きるでしょう。これで、あのモンスターの交換もひとりでできるようになり〝進化できない〟という悩みからも解放されます。

このようにさまざまなことから解放され、自由になれる未来が訪れるのであれば〝楽しみ〟だと感じませんか。では、**機械の体になる**としたらどうでしょう？　内閣府のホームページには、ムーンショット目標のイラストが掲載されています。それは明らかに体を機械化したもの。機会があったら見てみてください。

目標に掲げられていた**「身体、脳、空間、時間の制約から解放」**というのは、体を機械化する必要があるのかもしれません。例えば、現在開発中といわれている、あるコンタクトレンズ。これはレンズに機械が埋め込まれ、着用するだけで目の前にディスプレイ画面が広がり、インターネットにつながることが可能になるそうです。

さらに、スウェーデンでは、すでに数千人が**体にマイクロチップを埋め込み、クレジットカード、家のカギ、電車のチケットとして利用**しています。近い将来、世界中で便利な世界になるなら、体にチップを埋め込んでもよいという流れが加速するかもしれません。人は体ひとつでインターネットにつなぐことができるようになるでしょう。

より自由な世界を想像するかもしれませんが、それは〝**自由ではなく、不自由**

な世界の始まり〟となるかもしれません。

ここで質問です。何気ない友だちとの会話に関連した広告が、スマートフォンに表示されたことはありませんか？ 例えば、旅行の話をしていたら、旅行の広告が流れるというようなことがあるそうです。ＡＩが会話の音声を聞いて、その人に適した広告を流すのです。さらに、スマートフォンによって、**位置情報は筒抜け**状態です。機械を体に埋め込み、インターネットにつながった世界となった場合、〝勝手に目の前に広告が表示される〟ようなことが当たり前になるのかもしれません。自分の行動に合わせて、広告が流れてきて、おすすめされたとおりの物を購入してしまう。これは、いわば〝**自分の行動を誘導されている**〟ともいえるのではないでしょうか。

さらに、位置情報だけでなく、**どこで、なにをしているかさえも筒抜け**になるでしょう。つまり、**プライバシーのない時代がやってくる**のです。便利で豊かな社会の実現とともに、**人間の監視管理を行う世界がもうすぐそこまで来ている**のかもしれません。

それは、管理社会を築くことによって、支配者層の都合のよい世界をつくっていこうとしているのではないでしょうか。

２０５０年に向けて、世界は大きな変化を迎えることになるでしょう。

この都市伝説ってどうなの？

鳥肌スコア 2050

KOYAKKY

僕、忘れもしないんですよ…、友だちの田原君が映画「マトリックス」にハマっていたのを…。確かに超おもしろかったですよね。当時は仮想現実って完全にSFの世界の話でしたが、たった20数年でより現実的な話に。中には仮想空間に地球と同じ世界をつくろうという計画もあるみたいです。となると、今も誰かにつくられた仮想現実かもしれません。もし、この世界がプログラムされているなら、とーや君のボケが百発百中でウケるように書き換えてほしいです！

TOUYA

2050年までに「人が身体、脳、空間、時間の制約から解放された社会を実現」…、この言葉に一番救われたのは僕でしょう。生きづらさを感じることも多いこの世の中ですが、2050年になる頃にはすべて解放されているのかも。あと数十年生きてもいいかって思えます。アニメやマンガのような世界を体験できそうなのもいいですね！ なんにせよ、こんな大それた夢のような計画を政府がやろうとしてくれているのはうれしいですし、応援したいですね！

Lie or True あなたは信じる？

国々が確実に衰退していく

～「国の限界」のモデルは日本にある～

人口増加によって地球がパンクしかけている。
すでにパンクしたのは日本。恐ろしいのは、
パンクしたあとの行く末“衰退”そして“滅亡”である。
日本はなされるがまま悲劇を迎えるのか、
それとも避けられる手段があるのか……。

科学実験で証明された人類滅亡のシナリオ

「怖いものは？」と聞かれたら、みなさんはなんて答えますか？ 私（とーや）は、まんじゅうです。ちなみに、ある企業が行った調査では、1位が「死ぬこと」だったそうです。しかし、現在世界の人口は滅亡どころか爆発的に増加しています。**世界の人々が恐れることこそが、人類の滅亡**なのです。1900年には世界人口が16億5000万人だったのに対し、2000年には60億人を、さらに2022年11月には80億人を突破し、まさに

世界は人口爆発を起こしている

といわれています。果たして、人類が滅亡することなんてあるのでしょうか。

一方、日本は世界の人口増加とは裏腹に、人口減少の道をたどっています。日本の人口は戦後から増え続けましたが、2008年の1億2808万人をピークに減少が始まり、2050年には1億人を割り込むとも推定されています。そして、世界人口も日本のようにピークを迎えたのち、減少していくといわれている

のです。とはいえ、「減少はしても人類が滅亡するにはまだまだ時間がかかりそうだ」と思う人も多いでしょう。

残念ながら、

人類滅亡の未来が訪れることは決まっている

そうです。それも遠くない未来に。

実は、人類滅亡の未来を証明した実験が存在します。**「Universe25」**というマウスを使った実験で、未来の人口滅亡が証明されたといわれています。マウスは人間の臓器や遺伝子に共通点が多く、人間のモデルとしてさまざまな研究実験で使用されている動物です。このマウスを人間と同じように食物連鎖のトップに立たせ、マウスにとっての生活しやすい環境を与えて生活をさせるだけの実験です。今の地球が人類にとっての楽園のように、マウスたちの楽園をつくりました。

実験は4組のオス、メス、合計8匹のマウスから始まります。繁殖力の高いマウスは、7か月間で620匹まで増加。快適な環境を準備していましたが、これほどまでに**数が増加しました**。ここまでが実験の「フェーズ1」の現象です。

Universe 25

1960年代にアメリカの動物行動学者のジョン・B・カルホーンが行った実験。マウスに食料や水を無制限に与え、病気を予防し、天敵のいない環境に住ませ、個体数の変化や、行動パターンなどを観察した。

次の「フェーズ2」では、15匹が入れる巣箱を250個設置していたところ、それまでは自由に巣箱を選んでいたのにも関わらず、マウスが増加したあと、なぜか1か所に集まり始め、15匹しか入れない巣箱に111匹がぎゅうぎゅうになって暮らすという、不自然なことが起こりました。十分な巣箱があるにも関わらず起きた現象です。どういうことかというと、**ゆったり過ごす富裕層と、窮屈に暮らす貧民に別れた、つまり人間と同じように**

格差社会になってしまった

のです。

狭いエリアで暮らすマウスは、やがて権力闘争を起こします。闘争に勝ち権力を持ったマウスは生活環境が整い、出産後の死亡率は50％と低くなります。

一方、闘争に敗れた、いわゆる下層のマウスは集団行動をするようになり、性別や年齢を問わず、無差別に強姦するオスも現れます。さらにメスも子育てを放棄し、ほかのマウスに子どもを食べられる事態も発生し、出産後の死亡率は90％に。エサは十分にもあるにも関わらず、共食いが発生しているところに**生物の闇**

を感じます。

こうした状況下、〝争いに巻き込まれたくない〟と引きこもるオスも現れ、交尾も争いもせず、食べて寝ることしかしないため、体には傷ひとつもありません。このようなマウスを傷がなく、きれいな毛並みを持つことから**「ビューティフルマウス」**と呼びます。特殊なマウスの誕生までが「フェーズ3」です。

次の「フェーズ4」は耳をふさぎたくなるような

「死の段階」

が始まります。

560日が経つと、増加はピタッと止まります。そして、ビューティフルマウスと孤立したメスが大多数を占めるようになると、子づくりが行われなくなります。今までの**生物としての役割に多様性が生まれ、格差は広がるばかり**。いつしか、乳児の死亡率は急上昇し、さらに高齢化が進んだため、600日が経った段階で、死亡率が出生率を上回る結果に。

荒れた親世代の影響なのか、多くの若いマウスたちは食べて寝て、**ただ死を待つだけの日々を過ごします。**交尾も争いもしなくなったのです。動物としては

生きながらに死んでいる状態

といってもいいでしょう。

その結果、個体数は減少の歯止めが効かなくなります。

そして、1780日目に最後のオスが死亡し、マウスは滅亡したのです。実証の信頼度を高めるため、スケールや条件を変えて25回の実験が行われました。しかし、いずれも最終的に、マウスは滅亡を迎えることになります。

マウスの実験ですが、**人口増加、権力争い、格差社会、未婚者数や引きこもりの増加、少子高齢化**という歩みは、戦後から現在の日本と共通していますよね。

つまり、

日本は人口の限界をすでに迎え、衰退（滅亡）へ進み始めている

かもしれないのです。

マウスの実験でキーとなった「ビューティフルマウス」。いわゆる引きこもりです。２０１９年に発表された引きこもりの数は、１１０万人。およそ１００人に１人の割合です。内閣府が発表したものでは、40～60歳の引きこもりが全国に61万人いると推測されており、引きこもりの高齢化も進んでいます。80代の親が50代の子どもの世話をするという「８０５０問題」も発生しています。

日本は世界に先駆け、滅亡へ着実に進んでいる国なのでしょうか。超高齢社会となり、人口が減るフェーズに入った、世界的なモデルケースが日本だとは考えたくないものです。

日本で起きることは世界で起きるという都市伝説**「日本雛形論」**というのがありますが、それは2章でお話ししましょう。

日本は世界の実験場なのかもしれません。

この都市伝説ってどうなの？

鳥肌スコア 25

KOYAKKY

怖いことといえば、僕はやっぱりお化けですね！ 撮影で心霊スポットに行ったとき、怖い思いをしたのにまったく再生されなくて…。YouTuberとして、これほど怖いことはありません。時に、お化けよりも人間のほうが怖いですね。相方のとーやってやつは、たまに真顔でみょん（スタッフ）を攻撃しているんですよね。あと、だれかれかまわず（失礼寄りで）ボケまくるんで、コラボした芸人さんも、とーや君は突飛すぎてやりにくいし、怖いっていってますね（笑）。

TOUYA

「25」強力なパワーを感じる数字です。25歳まで生きると、1世紀の4分の1を過ごしたことになります。しかし、自分が子どもの頃に思っていたより大人じゃないことに、歯痒さを覚える年齢だなとも。そして、Universe25の実験では、大人が大人として機能しなくなったことが崩壊を招いたんじゃないかと。「大人とはなにか」「なにが正しいのだろう」…そんな問いかけを繰り返していけば、“子ども世代の未来がよくなるのかなぁ”と思っています。

Lie or True あなたは信じる？

防ぐことのできないポールシフトが間もなく！

〜人類はここから逃げるしかない〜

自分の未来は誰かによって左右されるものか？
人は誰しも他人に頼り、他人のせいにする生き物。
しかし、あなたに最も影響力を持つものは、
あなたが立っている、そこ、地球なのかもしれない。
この地球の様子が、ちょっとおかしいようで……。

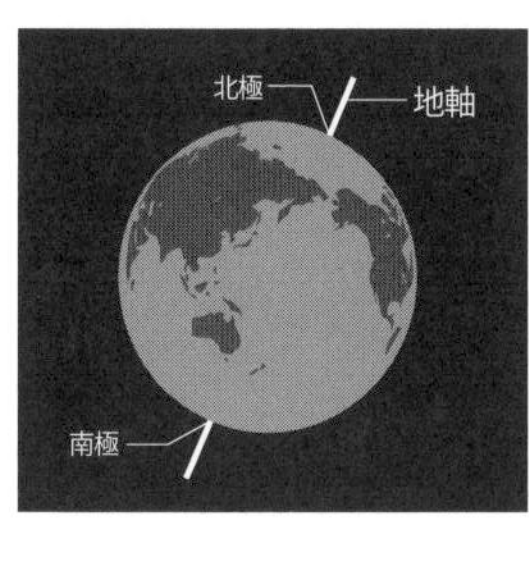

地軸のイメージ図

地球の異変がすぐそこに！人類滅亡まで残りわずか

「**1999年7の月、空から恐怖の大王が来るだろう**」といった**ノストラダムスの大予言**によって、世界中が人類滅亡の恐怖に陥（おちい）ってから20年以上が経過しました。恐怖の大王とは隕石（いんせき）か核兵器か、それとも疫病（えきびょう）なのかと、いまだに議論されることがあります。地球の歴史上、隕石によって恐竜は大量絶滅、核兵器によって人類は何度も滅んでいるのではないかという都市伝説もあります。このような人類滅亡のシナリオは、いつの時代も恐ろしいものです。

しかし、さらに恐ろしいのは、**この地球が正常に動かなくなること**かもしれません。

地球は北極点と南極点を結ぶ点を軸にした地軸を中心に回転しています。そして、地球がつくり出す磁場、地磁気というものが存在しています。この地軸のズレや地磁気が逆転するといった「**ポールシフト**」の危険性が高まっているのです。

ポールシフトが起こってしまうと、地球上に生物が存在できないほどの危険な状態になってしまうかもしれません。さらに

地球の力は弱まり続けている

ともいわれています。

ポールシフトは、過去360万年で11回起きているといわれています。その周期は約20万年から30万年に1回ともいわれているのですが、この約80万年間、発生していないそうなのです。そのため、**「そろそろポールシフトが起きるのではないか」**といわれているのです。実際、地球の磁気が急激に弱まっていることは、**欧州宇宙機関**の地球磁場観測によって判明しています。

過去200年間で地球の磁場は20%弱まっており、ポールシフトの発生が〝差し迫っている〟可能性があるのです。ポールシフトが発生すると、発電所が機能しなくなり、人間が住めない場所も増えるといわれています。さらに**電気供給がない状況**だと、現代のような社会生活を送ることは当然できません。ネット社

欧州宇宙機関

宇宙開発に関する欧州諸国の政府間協力機構。日本の宇宙航空研究開発機構（JAXA）とも協力関係にある。

会から電気を取り上げると、とんでもないことになるのは想像つくでしょう。

しかし、最も恐ろしいことは別にあるのです。それが

宇宙からの恐怖

です。磁場は、地球を取り巻く大きなバリアのような役割を果たしていて、地球を守っています。ポールシフトによって磁場が狂うと、太陽や宇宙から発生する太陽風や放射線などの**有害なものが地上に降り注がれる**ことに。すると、地球全体が壊滅的な被害を受け、多数の人が亡くなると予想されているのです。

地球を死の惑星にしかねないポールシフト。しかも、これがいつ起きるか。**「100年以内に発生する」**と警告する研究者もいます。ポールシフトの具体的なメカニズムはわかっておらず、

防ぐことはできない

のです。人類が経験したことのないポールシフトが発生してしまったとしたら、逃れる手段は2つです。

1つは**宇宙への移住**。これはNASAや新世代自動車で有名な某実業家など、さまざまな組織や人物が挑戦しています。

もう1つは、**意識だけの存在になる**こと。そう、

メタバースの世界で生きていく

ことにするのです。

地球上がどうなろうとも意識体としてメタバースで生き続け、外界である今の世界に行くときは、完全防備のロボットのようなものに入れば、すべての問題は解決します。

日本政府が2050年までに目指す**「人が身体、脳、空間、時間の制約から解放された社会を実現」**というのは、すべての危機に備えることができ、**3次元の世界から4次元以上の世界への移行**のことをさしているのかもしれません。

いったい我々の未来は、どうなってしまうのでしょうか。

この都市伝説ってどうなの？

鳥肌スコア 2072

KOYAKKY

地球が少しでも傾いたら終わっちゃうって…とっても繊細ですよね。ガイア理論とかあるけど、地球もひとつの生物だと考えたとき、常に安定してくれていることにまず感謝。ちょっとメンがヘラってひねちゃったりして「あぁ、もうそんなんいうんやったら地軸３度傾けるわ～ダルっ～」とかなっただけでも人類終わる…。そんなとっても繊細な地球に感謝しながら、今を大切にしていきたいですよね。地球さん、ありがとうございます。今度飯おごります！

TOUYA

「ポールシフト」って単語をはじめて聞いたとき、“ポールさんのシフト”やと思いました。以前に働いていた塾で、「とーやシフト」と呼ばれる専用のシフト体系がありました。僕がシフト提出すると、僕と生徒の分の席が空けられ、勝手に授業をしてよいというスタイル。もしかしたらポールシフトも、勝手にやっていいよ、といわれたポールさんの意思なのかも。ポールさんはどうやらサボり癖があるみたいですね。このまま寝ていてほしいものです。

Lie or True あなたは信じる？

2章

世界、宇宙から見た日本の立ち位置

日本で世界地図を見たとき、日本は真ん中に位置しています。
別の国の世界地図を見ると、その国が中心に位置します。
では、世界の中心はどこなのでしょうか？

実は日本を中心とした世界の見方は、
あながち間違っていないのかもしれません。
それは、世界や宇宙から日本に視線が向けられているからです。

人類と地球の未来の中心に、
あなたが存在しているのかも……。

すべての始まりの国"日本"に隠された秘密
～世界と日本の関係の真実～

世界から見て日本はどんな存在なのか？
平和な国というのは希望的観測にすぎない。
宇宙からの視点に、私たちの知らない日本が……！
この国に秘められた謎は未来を動かすもの。
運命の時は刻々と迫っている……。

2050年、日本が支配される!? 悪魔による監視が始まった

それでは、みなさんが気になっている日本に関わる話をしましょう。さっそくですが、質問です。世界の中心は、どの国ですか？ アメリカ？ 中国？ ロシア？ 答えは日本です。意外だと思われた人が多いのではないでしょうか。ただ、

日本が世界の中心である

といわれたら、日本人としてはうれしいことですよね。実際、都市伝説界ではそのような話がたくさんあります。

では、「地球の頂点はどこ？」と聞かれると、答えに行き詰まりますよね。なぜなら地球は丸いというイメージがあり、頂点というイメージがないからです。しかし、**地球が四面体だとしたら**どうでしょう。四面体というと上記の図のような形なのですが、頂点が明確にあります。なんと、**地球は球体ではなく四面体でつくられている**という説が唱えられています。四面体の底面の三角形の角に中央アメリカ、南極、コーカサスがあるといいます。そして、その反対の**頂点にくるのが日本**だそうです。この説を発表したのが、**ルドルフ・シュタイナー**という人

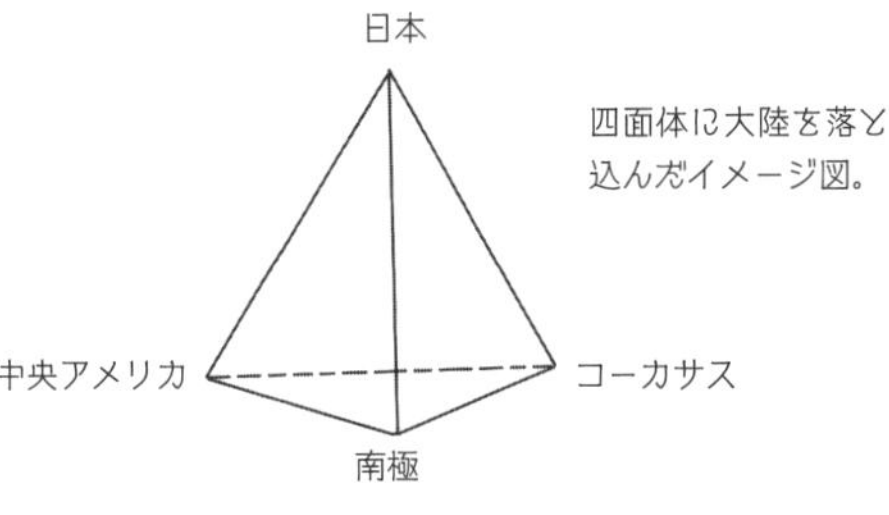

四面体に大陸を落とし込んだイメージ図。

ルドルフ・シュタイナー
(1861-1925)

オーストリアやドイツで活躍した思想家、哲学者、教育者。彼が提唱したシュタイナー教育は日本を含め世 界中に普及している。一方で、20世紀のすべてを見透かしていたといわれる大予言者でもあった。

物です。1924年に行われた自身の講義の中で発言しており、その内容を表した黒板絵が**「遺された黒板絵」**として今も書物に残っています。

では、こんなとんでもないことをいっているシュタイナーは、あやしい、うさんくさい人物なのでしょうか？ 答えは、違います。彼はカリスマ性を備えた教育者でした。そして、その教育は日本にも影響を与えています。彼は日本でも普及している**シュタイナー教育**の提唱者のシュタイナーです。シュタイナー教育とは「自分の意志で歩める自由な人を育てる」という理念から、教科書も点数評価もない教育のこと。日本でも「シュタイナー」の名がついた学校があり、シュタイナー教育を取り入れている学校は、全国的に存在します。

また、シュタイナーは、歴史上、人々を恐怖に陥れた人物のひとりといわれる**ヒトラー**が恐れていた人物でもあるそうです。さらに**霊的な能力もあった**そうで、ヒトラーはシュタイナーの特異な能力を恐れたといわれています。

なんとシュタイナーは、ナチスドイツができる前から**「彼ら（ナチス）が大きな力を持つとヨーロッパに大変な不幸をもたらす」**と予言しています。

こうしたこともあり、ヒトラーはシュタイナーの予言ができる霊的な力や、教育によって人々を先導できるカリスマ性を恐れたそうです。実際にシュタイナーは旧ソ連の崩壊を的中させており、ほかにも狂牛病の流行など、数々の予言を的中させています。そんなシュタイナーのことをうとましく思ったナチスから、幾度となく命を狙われていたという話があります。そして、彼は1924年の夜会にて、突如発作を起こし、この日を境に衰弱の一途をたどります。その翌年1925年にこの世を去りました。年齢64歳。これには暗殺疑惑もありますが、真相は闇の中です。このシュタイナーが、生前に

「未来、日本の人口は削減していくだろう」

というような予言を残しているのです。

シュタイナーの書物には、**「2000年代、ピラミッドの頂点にある国、日本を支配するために強大な悪魔も神々も日本に集結する。日本を支配して世界を監視するひとつの目を置くだろう」**といった内容が記載されているようです。

一見理解し難いこの文章ですが、〝どうやら日本でとんでもないことが起きる〟ことはわかるかと思います。まず強大な悪魔とは、ある宗教信仰における悪魔の原型になったといわれる悪魔を指しているといわれています。不吉なことが起こることはわかるでしょう。そしてピラミッドの頂点というのは、先ほど話し

プロビデンスの目に似たものは、アメリカの紙幣にも印刷されている。

たシュタイナーが語る、**地球四面体説が関係**してきます。

この文章でショッキングなのは**「日本を支配して世界を監視するひとつの目を置くだろう」**の部分。日本を支配するのはいったいどこかというと……、勘のいい人は気づいているかもしれませんね。そう、あの秘密結社です。

なぜそういえるかというと「ひとつの目」というのは、プロビデンスの目のことを指していると考えられるからです。そして、この秘密結社には

「2050年に人口の8割を減少させる」

という計画があるといわれているのです。どの時点からの8割かは不明ですが、大幅に人口は減りそうです。こちらはこの秘密結社が関わるといわれている闇の会議で決められたと噂されています。そしてこの噂はNASAによって広められているそうです。明らかに意図的に、噂を広めるための内容の映像までも流出しています。

つまり2000年にくる大悪魔とは秘密結社のことを指しており〝**地球の頂点である日本から乗っ取りを始め、2050年までには人口削減を計画に入れている**〟ことをシュタイナーは予言しているのかもしれません。

この都市伝説ってどうなの？

鳥肌スコア 666

KOYAKKY

ルドルフ・シュタイナーさんの予言とは別に2050年というのは、大きな転換の年といわれていますよね。しかもさまざまな予言者が口をそろえているのは、日本から救世主が現れる、日本に悲劇が起こるなど、日本をピンポイントで予言していることも多いんですよね。2050年、ムーンショット目標を達成し、僕たち人類は果たして支配されてしまうのか。この都市伝説を信じますか？ 嘘だと思いますか？ 僕は「救世主＝とーや説」を推しています。

TOUYA

日本って、世界の権力者が移住したり、別荘を持っていたりするそうですから、世界から狙われている国でもあり、特別な国なのかも、と思います。僕の好きな都市伝説に地球が平面だという「地球平面説」があります。なので、シュタイナーさんが地球が四面体というのも理解できるんですよね。もしかしたら地球が丸いと思っているのは、そう思い込んでいるだけなのかも！ いつか宇宙に行って、この目で地球の姿を見てみたいな～。

Lie or True あなたは信じる？

日本は世界の縮図 ここで起こることは のちに世界でも

〜大きな使命がこの国にある〜

世界の顔色をうかがいながら
日本はグローバル社会の中で
生き残りを目指しているように見える。
しかし、これは日本と世界の
本当の関係を知らない人の見え方なのかも……。

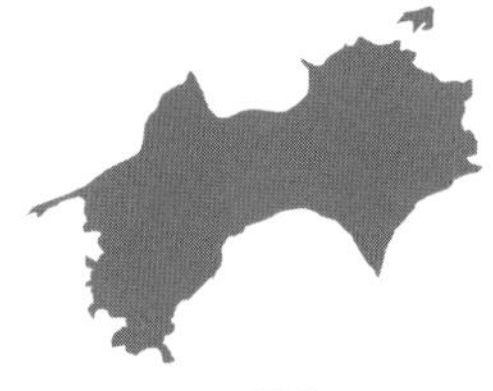

オーストラリア　　四国

災難の標的にされるのか、それとも人類の救世主になるのか!?

実は〝日本と世界ってリンクしている〟って知っていました? どのようにリンクしているかというと、**世界の大陸をつなぎ合わせたら日本列島になる**のです。まさに都市伝説ですが、あながちバカにできません。

実は日本の四国とオーストラリアの形ですが、テレビのバラエティ番組でも「日本地図、四国がオーストラリアに変わっていても意外と気づかない説」と紹介されたことがあるほど、この2つの土地は似ているといわれています。この要領で、ユーラシア大陸が本州、北アメリカ大陸が北海道、アフリカが九州の位置関係とリンクしていくわけです。これを**「日本**

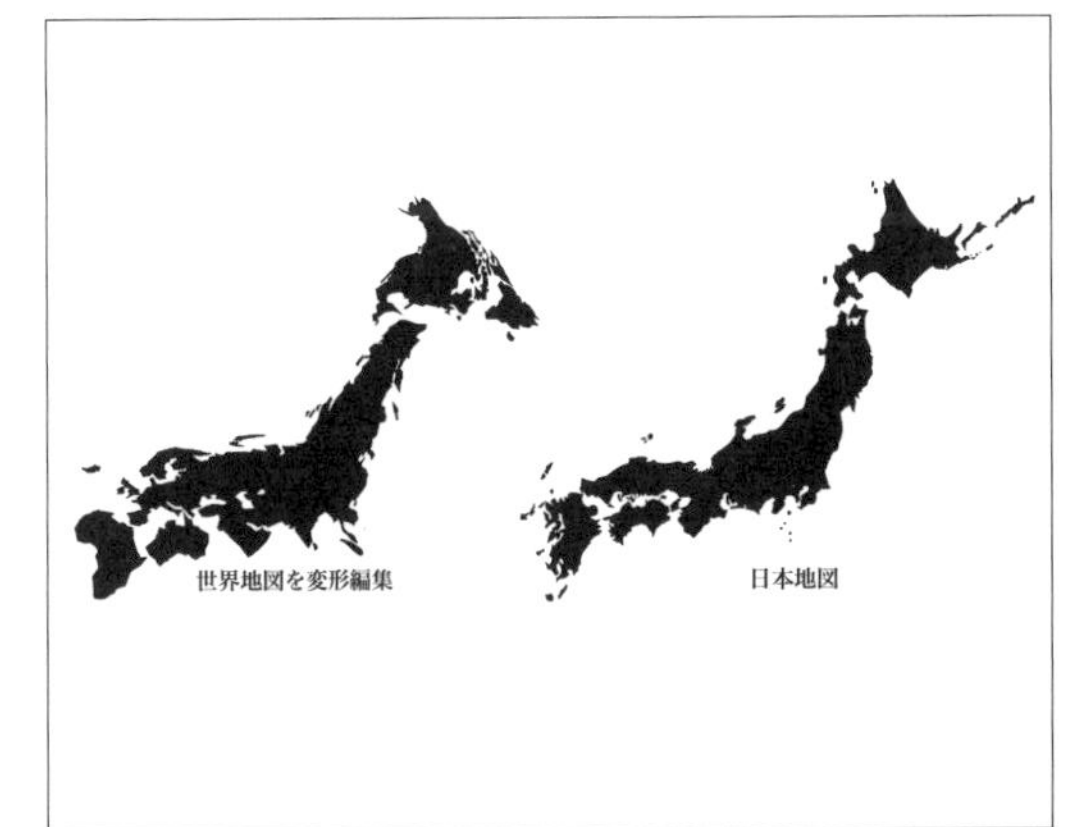

世界地図を変形編集　　日本地図

雛形論」といいます。
「はじめて聞いた！」という人も多いかと思いますが、この説は、古くは明治初期の「神典図説」という書物にも似たようなことが書かれているそうです。

さらに、明治後期から戦前に「日本雛形論」は大きく広まりました。これを説いたのは、出口王仁三郎さんという宗教家です。彼は、日露戦争、第一次、第二次世界大戦に関して、さまざまな予言を的中させた予言者的側面も持つ人物でした。出口王仁三郎さんは、日本について次のように語っています。

「日本は神の国であり、世界のモデルとして神が最初につくった世界の中心だ」

その真相は明らかになっていませんが、人類の進化論にヒントを見ることができます。人類の起源「ホモ・サピエンス」が誕生したのはアフリカ大陸だといわれていますが、「日本雛形論」に当てはめると九州になります。実は、

日本で起こることは、のちに世界でも起こる、またその逆もあり得る

といわれており、実際日本最古の歴史書である「古事記」によれば、一番はじめに人が降り立ったとされる**高天原**は、九州だったという説もあります。**日本最**

初の場所と人類起源の場所は一致していると考えられるのです。

また「古事記」や「日本書紀」の聖地である**伊勢神宮**とイスラム教最大の聖地**メッカ**の位置も同じで、日本で一番標高の高い山の**富士山**と地球上で最も標高の高い**ヒマラヤ山脈**、日本最大の湖である**琵琶湖**と世界最大の湖である**カスピ海**、これらの位置までも重なっているのです。

ほかにも下の図のようにさまざまな地域が一致しています。

さらにおもしろいのは、**京都**と対(つい)の位置になっているのが**イラクのバグダッド**であること。ここは8世紀頃に**「平安の都」**といわれ栄えていました。まさに**京都の平安京とも一致**しますね。

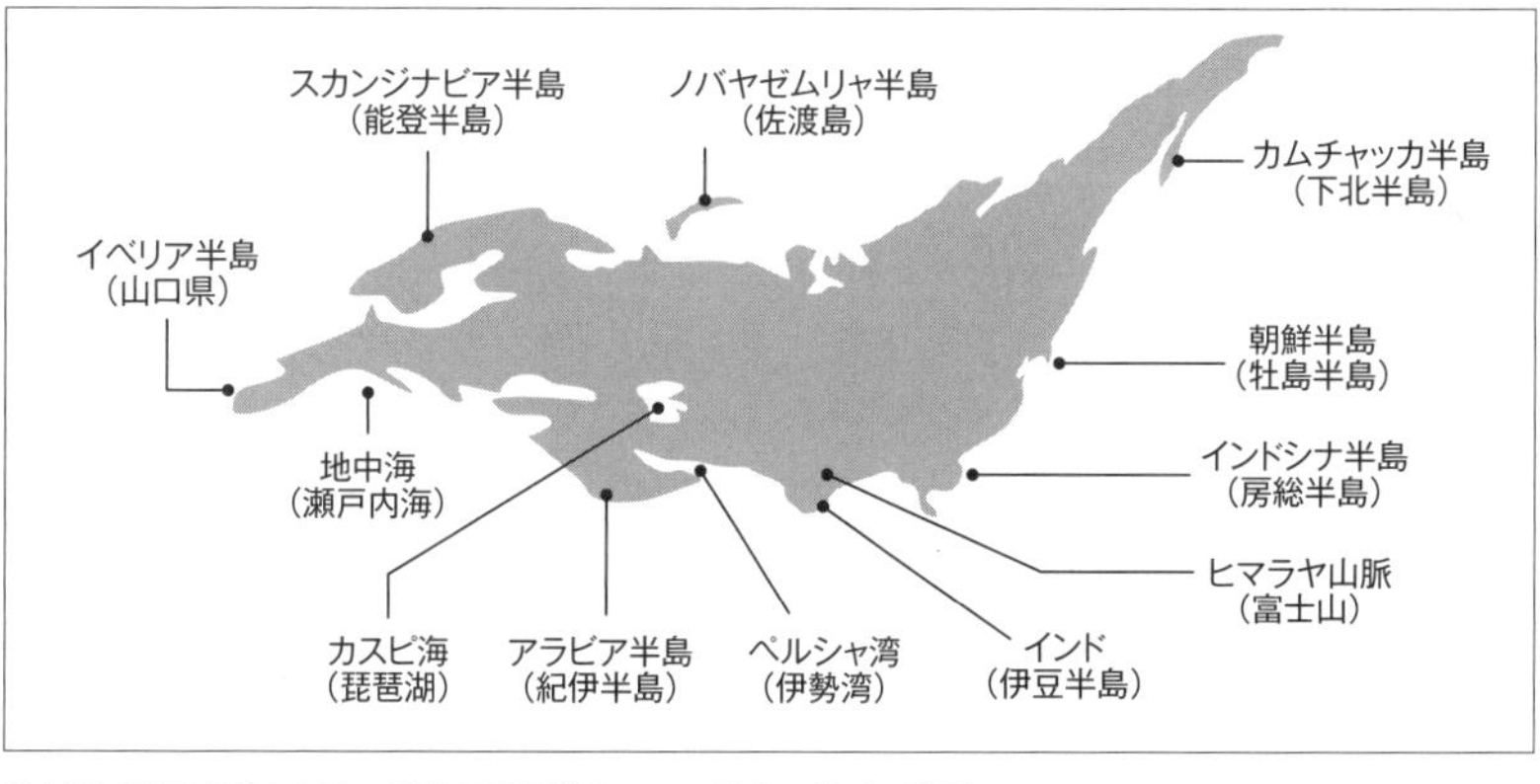

日本雛形論における日本と世界が不思議なほど一致する場所の地図。

このように雛形論は地形だけでなく、起源や文化・歴史までも数多くの一致が存在します。

つまり**日本が世界の縮図であるということは、〝日本で起きたことが世界でも起きる、逆に世界で起きたことが日本でも起きる〟**という考えが生まれます。

また世界の縮図といわれる日本には、大きな使命があると考える人もいるのです。それは**〝日本が平和になれば世界が平和になる〟という使命**です。

実際それらを裏づけるように、多くの人が日本に希望を抱いています。代表的なのは、物理科学者の**アインシュタインの言葉**です。

「真の平和をもたらす世界の名手は日本である」

ほかにも世界三大予言者の一人に数えられる**ジーン・ディクソンも「ハルマゲドンが起こる。人類の希望は東方にあるだろう」**といい残しています。東方とはつまり「日本」を指しており、日本は世界の希望といえるのかもしれません。

また聖書の最初の写本といわれている**死海文書**（しかいもんじょ）（P127参照）の中にも**「メシアは聖書を知らない国の東から現れる」**と書かれており、**日本から救世主が現れる**と考えることもできるのです。

この都市伝説ってどうなの？

鳥肌スコア 02326

KOYAKKY

ユーラシア大陸と本州の形がリンクしているというのは、無理があると思いませんでしたか？ 僕は少し疑っています（笑）。ただ日本が世界の縮図だろうが、なかろうが、平和であることに越したことはないです。日本が世界の縮図なら僕たちもワールドワイドなチャンネルになりたいですね！ アメリカ支部とかイギリス支部とか海外からも応援してくれる方が増えるとうれしいな〜！ということで、とーや君、来年から南極支部勤務でお願いします。

TOUYA

いろいろな都市伝説を調べる中で、やっぱり日本がすべての世界を変える鍵を握っているんじゃないかと思うわけですよ。つまり日本から「Change the world」が始まるんです……。どうですか？ この「Change the world」という言葉は。実は「Change the world」というキャッチフレーズが流行ってほしくて動画でたくさんいってるんですけど、なかなか広まりそうにないので、最近は「備えろ！」だけのシンプルなものに「Change」しました。

Lie or True あなたは信じる？

世界の秘密を解く鍵は日本にある

～地球を核戦争から守る～

いったい、古代になにが起きていたのか？
すべてが明かされていない今日。
未来に起こることのメッセージが、
古代から、はたまた宇宙から
日本に届けられているかもしれない……。

前世が火星人だった少年は人類の未来を語り始めるが……

幼い頃のある記憶が鮮明に残っているようなことはありませんか？　でも生まれてからの記憶ならそこまでの驚きはないでしょう。では、前世の記憶があったとしたらどうですか？　あやしいですよね。ただ事実として**前世は存在しているのかも**しれません。その証拠に、とある少年が話題になりました。それが前世の記憶を持っているとされる、ボリスカ君という少年です。しかも彼の**前世の記憶は人間の記憶ではなく**

火星人の記憶だった

というのです。

ボリスカ君は、1996年にロシアで生まれます。生後15日目で自ら頭を上げられるようになり、話し始めたのは1歳半、2歳のときに火星について語り、しかも大人顔負けの言葉と知識を持っていたそうです。23歳頃まで母親と一緒に暮らしていましたが、その後行方不明に……。

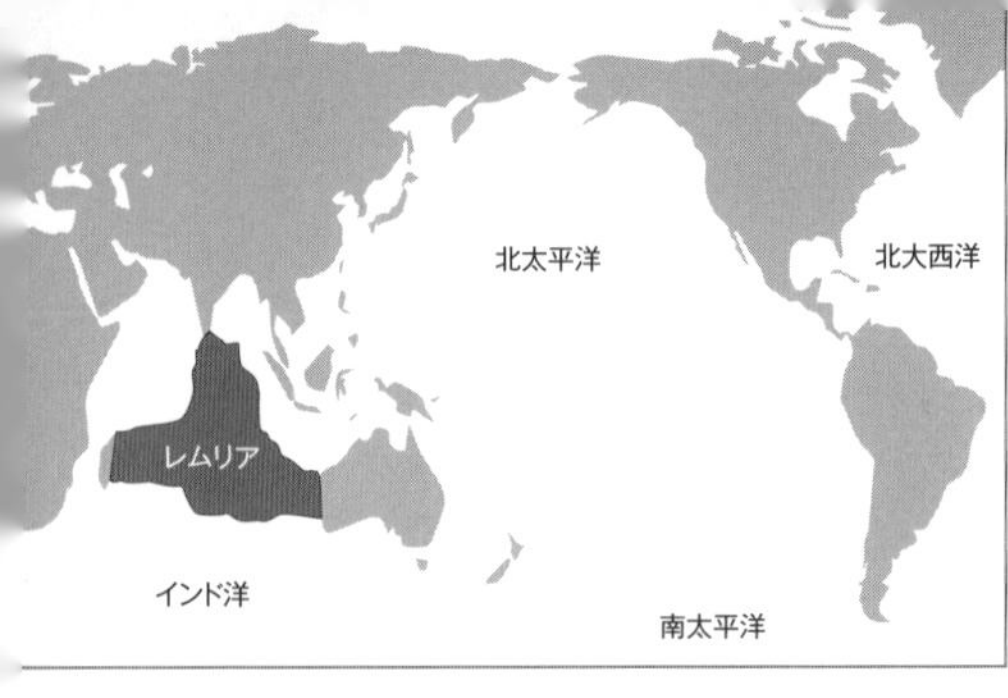

レムリア大陸は、イギリスの動物学者フィリップ・スクレーターが1874年に提唱した、インド洋に存在したとされる仮想の大陸。さまざまな都市伝説がある。

以前にボリスカ君が話した内容によれば、火星人には、競争型、知性型、温和で好奇心旺盛型がいるそうで、**「1000年前に競争型によって核戦争が起き、生き残った火星人は地下都市で生活している」**とのこと。実は火星で核戦争が起きたということは、2014年にアメリカの物理学者であるジョン・ブランデンバーグ博士が「過去の火星における大規模な異常核爆発の証拠」と題して学会で〝1000年ほど前に核爆発が起こっていた可能性〟を発表しています。これはボリスカ君の発言を裏づける内容でもあったのです。

また、ボリスカ君は**「火星人はある程度の年齢になると使命を与えられ、ほかの惑星に旅立っていく」**とも語っています。ボリスカ君が担当した惑星は地球でした。その当時、地球上には大陸が1つしかなく**「レムリア大陸」**と呼ばれていたそうです。

レムリア大陸というのは、**失われた古代都市**として存在していたとされ、現在のエジプトに当たるといわれています。また、**アカシックレコード**という概念を世界ではじめて紹介したブラヴァツキー夫人が書いた書物『シークレット・ドクトリン』に登場した失われた大陸のことです。そこで暮らしていたレムリア人は、なんと現代では失われた超能力を使っていたといわれており、テレパシーでコミュニケーションをとったりワープで移動したりできたそうです。

そして、ボリスカ君の使命は、

ギザのピラミッドとスフィンクス。

地球を核戦争から守ること

で、それを叶える方法についても語っていたそうです。それは**「ギザのスフィンクスの中に秘密が隠されている」**こと。その謎を解き明かすには、スフィンクスの耳の後ろに隠されている〝なにか〟を解析しなければなりません。

ボリスカ君の証言から約10年後にスキャナー調査により、なんと、スフィンクスの耳の後ろには奇妙な空間があることが判明したそうです。さらにその後、空間全体が光ディスクのようなものということもわかりました。空間に圧縮され高められたエネルギーが入ると部屋が起動し、中の情報を読み取ることができるといわれています。**ピラミッドは人のエネルギーを共鳴させ、圧縮させる役割を果たすための装置だった**のです。

この秘密についてボリスカ君は解き明かしてはくれませんでしたが、そのことについて語った人物がいるのです……。それは、アメリカで〝予言者・心霊診断

の父〟と呼ばれる**エドガー・ケイシー**です。彼は、

「レムリアの秘密、人類の出現からこれまでの歴史すべて、今の僕たちでは解析できない秘密がエジプトには隠されており、それを読み取る力を身につける必要がある」

と19世紀に語っています。そして、

秘密を解読する鍵は、日本にある！

と語っています。

縄文時代の日本人は、レムリア大陸から渡ってきたとされる都市伝説があります。そういった都市伝説では、レムリア時代に火星から伝えられた情報やエネルギーの使い方などが日本に伝わっているといわれています。その方法を記しているのが、**カタカムナ文字**。世界最古の文字という説がある**神代文字**（じんだいもじ）の一種です。

もし、神代文字を解読することができたら世界の歴史がひっくり返るかもしれません……。この興味深い文字については88ページからお話ししましょう。

エドガー・ケイシー
(1877-1945)

世界のすべてが記録されているといわれる「アカシックレコード」にアクセスして予言。約1万4000もの予言を残したといわれる。世界大陸の形が変わり、日本が沈没するともいっていたそうだ。

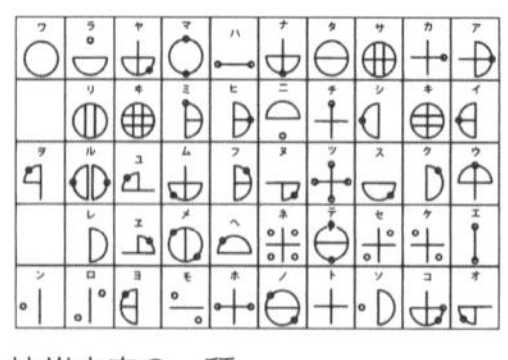

神代文字の一種、
カタカムナ文字のイメージ。

この都市伝説ってどうなの？

鳥肌スコア　7528万

KOYAKKY

スフィンクスが装置だなんて、その発想に至らないですよね。僕が実際に見て感動したのは、江戸時代の侍たちがスフィンクスの前で写真を撮っている画像です。それを見たとき“誰しも一度は行かなければいけない”と、不思議な魅力をスフィンクスに感じました！ 日本人がエジプトと深い関係がDNAレベルであるのではと思うと、ロマンが広がりますよね。2023年コヤスタは100万人いきますし、みんなで行きますか、エジプトロケ！

TOUYA

僕は“芥川龍之介の生まれ変わり”と動画でもいっていますが、いつもコヤッキーさんにはスルーされます。実は、転生した人の見分け方があるんです。知りたくないですか？ それは「えくぼ」。えくぼは、前世で親孝行に関して徳を積んだ人の生まれ変わりだといわれ、神様が印をつけているという言い伝えがあります。もしかしたら、えくぼがあるあの人は前世の記憶を持っているかもしれません。全然関係ありませんが、本書が芥川賞を受賞できる可能性がないのが非常に悔しいです。

Lie or True あなたは信じる？

学校で習った日本の歴史がくつがえる

～世界最古の文明は日本にあり～

10 年後の予言は信じないが、1000 年前の歴史は信じる。
これに対して疑問はないだろうか？
歴史は現在までの過程で事実を消されたり、
改ざんされていたりしているかもしれない……。
実際に見た者はいないのだから……。

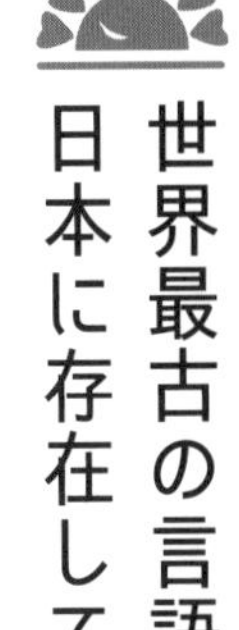

世界最古の言語と文明は日本に存在していた

突然ですが**「エグち」**という言葉の意味を知っていますか？　若者言葉で、「エグさのレベルが違う」という意味です。２０２２年のギャル語流行語大賞にも入賞しており、インフルエンサーをはじめ、多くの若者が使っていました。ギャル語というと、すっかり今の日本ではおなじみになりましたが、ある種、日本語から派生した新言語といえるかもしれません。

ここで質問です。世界には何種類の言語があるでしょうか？　国連加盟数でいうと、１９６か国ですので、１９６種類？　英語など複数の国で使われている言語があるので、もっと少ないのでしょうか。実際、23種類の言語を世界の半数の人が使っているという話もありますが、残りの半数は無数に枝分かれしており、**世界には約７０００もの言語がある**といわれています。その多くは言語のルーツが判明しています。

ギャル語のルーツは日本語ですが、**日本語のルーツ**はどこでしょう。中国から漢字が伝わったということを学校で習った人も多いのではないでしょうか。しかし、中国から文字が伝わったとすると、平仮名やカタカナなど説明のできない

神代文字の一種、
キネ楔文字のイメージ。

シュメール文明の
楔形文字のイメージ。

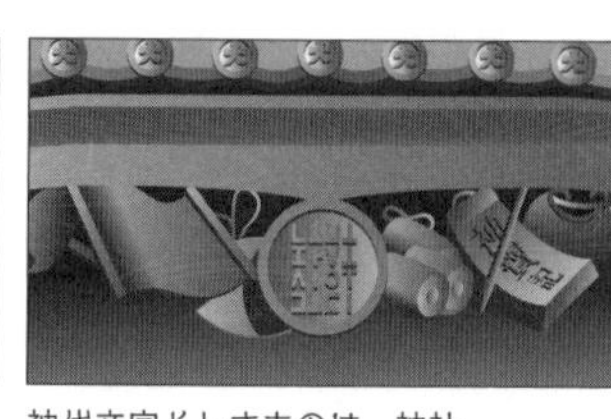

神代文字らしきものは、神社の建物や御朱印で見られる。

ものもあります。聡明な読者ならお気づきかと思いますが、

日本語は系統不明な言語

なのです。それもあってか、世界の言語の中でも取得難易度はトップクラスで、アラビア語などと並び、五指に入る難しさともいわれています。

それでは、日本語は誰が使い出したのでしょう。一説では、もともと日本列島に住んでいた人たちが生み出し、使い出したのではないかといわれているのです。その文字の名が**神代文字**（じんだいもじ）。はじめて聞いたという人も多いかと思いますが、そんなあなたも神代文字を見たことがあるかもしれません。なぜなら神社の建物や御朱印に現在でも使われているからです。そしてこの

神代文字は世界最古の文字

ともいわれています。当然、「世界最古である証拠は？」という話になります。

学校の歴史の授業で習う文明の始まりは、**メソポタミア文明**で約５５００年前です。文字が使われ出したのもこの頃だといわれています。実は**メソポタミア文明でも神代文字が確認されています**。上の図を見てください。メソポタミア文明

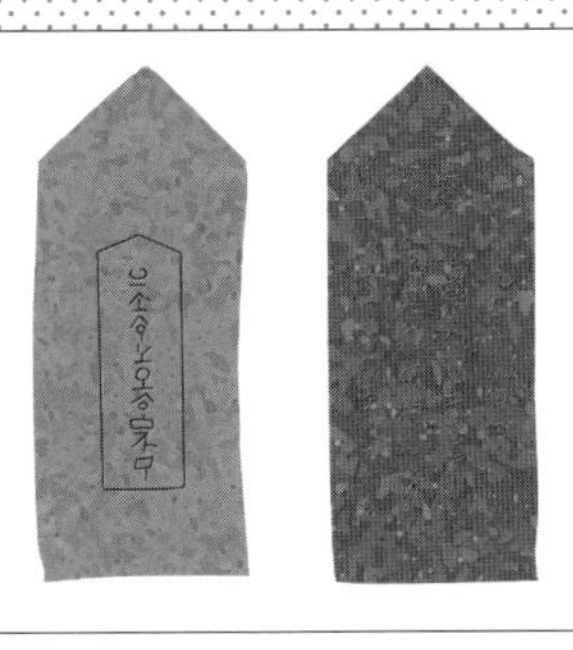

神代文字の一種、豊国文字が刻まれた幣立神宮の石板のイメージ。

の初期・シュメール文明で使われていた楔形文字と神代文字の字面がそっくりだと思いませんか？　さらに似ているのは、文字の形だけではありません。シュメール語を翻訳できる数少ない考古学者のゼカリア・シッチンさんも**日本語とシュメール語には、言葉のつくりにも類似点がある**といっています。まずシュメール語も日本語の漢字や平仮名、カタカナというような複数の文字で構成されているという点が似ています。「お茶を飲む」と「お茶も飲む」では意味が変わるように、付属の言葉で意味が変わる点もシュメール語と日本語は似ているといわれているのです。

シュメール人がはじめて文字を使ったのは、約5500年前ですが、神代文字はさらに古く1万5000年以上前といわれています。その根拠として日本最古の神社といわれる**幣立神宮**（熊本県阿蘇郡幣）の石板に、神代文字の一種、**「豊国文字」**が刻まれていることにあります。幣立神宮の歴史は御神木から考えると、1万5000年前といわれています。学校で最初に習った文字の歴史よりはるかに昔から日本では文字が使われていた可能性があります。つまり

縄文人は文字を使っていた

と。それだけで歴史の印象が変わってきませんか？

さらにいうならば、**日本が世界に文字を広めた**のかもしれません。シュメール文明の楔形文字も日本の神代文字からの派生かもしれません。島国の日本がどのように世界に文字を伝えたのか。それは船を使い、航海し大陸に渡ったとされています。**縄文人は高い航海技術を持っていた**ともいわれているのです。

青森県の三内丸山遺跡の発掘調査によると、新潟や北海道、秋田や岩手などから、「ヒスイ」「琥珀」「黒曜石」などの鉱物が船によって運ばれていたそうです。当時の船は、丸太をくりぬいてつくった丸木舟だったといわれています。さらに、海を渡り、**南米のエクアドルでも縄文土器が発見されている**のです。この土器は、5500年前のものといわれているそうです。

実際、2019年に国立科学博物館では「3万年前の人間が、丸木舟を使って航海ができたか」という検証が行われました。与那国島から台湾までの航海を、無事に成功させたそうです。つまり

古代の日本から大陸に文化や人を移動させることは可能だった

のです。もしかすると、本当に〝日本が世界最古の文明〟なんてことがあるかもしれません。

虫の声に風情を感じるのは日本人と宇宙人だけ!?

「鈴虫や 土手の向ふは 相模灘」

かの有名な俳人、正岡子規の俳句です。海で生きられない鈴虫が、海辺で鳴いているその風流さ、自然のいたずらを感じて生まれた歌なのではないでしょうか。個人的には、鈴虫の声から〝生命のたくましさと切なさ〟を感じます。

ところで、**虫の声を感じるというのは、かなり特殊**だということをご存じでしょうか？ 世界の多くの民族は虫の声を右脳で処理し、雑音のように感じます。一方で日本人は左脳（言語脳）で処理する、つまり虫の声を言語のように感じているといわれています。ここに古代の日本人が文字をつくれたことと関係しているると考えられます。

なぜ虫の声を言語脳で処理できるか。**「遺伝子に組み込まれたYAP(ヤップ)因子が日本人にある」**という研究結果があります。虫の音を外国人の多くが聞き取れない原因は、このYAP因子といわれるもののせいかもしれません。そして

多くの音を聞き取れる日本人

シュメール人のイメージ。

だからこそ、世界に先駆けて言語をつくることができたのかもしれません。

おもしろいことにYAP因子は、都市伝説界隈で有名な**ロズウェル事件**に関わっています。ロズウェル事件とは1947年7月にアメリカ軍が回収したといわれる事件です。ニューメキシコ州ロズウェルで墜落したUFOと3体の宇宙人をアメリカ陸軍飛行場が発行していた新聞で「陸軍の職員がロズウェル付近の牧場で空飛ぶ円盤を回収」と大々的に報じたにも関わらず、その数時間後、再びロズウェル陸軍飛行場は新聞を発行し、「職員が回収したものは円盤ではなく、気象観測用気球であった」と情報を一転させたことです。そして、そのUFOに乗っていた**宇宙人を検死したところ、〝遺伝子情報にYAP因子を確認した〟**という話があるのです。つまり

古代日本人は世界創世の神＝宇宙人、なのかも！

また、2015年に公開された宇宙人だとされるミイラの瞳は黒色でした。シュメール人の像の瞳も黒色で、どちらも頭部に対して目が大きく、縄文人は目が大きかったという説も。日本人がメソポタミアに移住し、そこで文明を誕生させていたとも考えられるのです。縄文人が宇宙人だとしたら、その子孫である私たちも宇宙人なのかもしれません。まさに〝**日本人はエグち**〟（P89参照）です。

この都市伝説ってどうなの？

鳥肌スコア 5500

KOYAKKY

みなさんが想像する宇宙人ってどんな姿をしていますか？　いわゆるグレイと呼ばれる頭でっかちな形をしたものを想像する人が多いと思うんですが、“我々日本人が宇宙人かもしれない”と考えたことはありましたか？ 日本人は海外の人に比べ謙虚だといわれ、自分を下に見がちですが、実は日本人のほうが遥か昔から存在し、しかも宇宙人の子孫かもしれないなんて、ちょっとワクワクしてきません？ もう土器がドキドキです♡

TOUYA

僕の好きなプロ野球の世界にも「宇宙人」といわれる人がいます。また、将棋界にも「将棋星人」といわれる人がいます。人知を超える超人たちは得てして「宇宙人＝自分と違う者」として扱われます。もしかすると、古代の人も劣等感から周りのすごい人への憧れを宇宙人といい、大げさに残したのかも。宇宙人は目が大きく、見た目も非常によかったのでしょう。さらに、性格もよい、仕事もできる、そんな完璧超人が宇宙人なのかもしれません。ちなみに、僕は目が細いです。

パワースポットの訪問に必要な“覚悟”
～神秘の力の源はなにか？～

もし世の中の道路や線路がすべて直線だったら
目的地まで最短時間でたどり着けるだろう。
道路や線路が曲がりくねっているのは、
はたして立地だけの問題なのだろうか？
それは、なにかを避けているのかも……。

神秘の力が一直線上に集まるレイラインの存在

ある場所を歩いているとき、空気が変わったと感じることはありませんか？ 例えば東京ですと、夜の歌舞伎町は独特の空気をまとっていますよね。あの感覚です。ほかにも神社、仏閣、自然の中という**パワースポット**も同じような感覚になりますよね。今やパワースポットを訪れるのはレジャー感覚になっている人もいますが、うかつに近寄っていい場所なのでしょうか……。

ここで、パワースポットに隠された大きな秘密についてお話ししましょう。実は強力なパワースポットとされるところは、

ひとつのライン上に存在している

のです。この線は「**レイライン**」と呼ばれています。

レイラインは世界各地に存在します。例えば、イギリスの**セント・マイケルズ・レイライン**と呼ばれるものがあります。

上段左から、セント・マイケルズ・マウント、グラストンベリー・トー、下段左から、エイヴベリーのストーンサークル、シルベリーヒル、ストーンヘンジ。

イギリスのセント・マイケルズ・レイライン。

そのスタート地点が**セント・マイケルズ・マウント**という島で、巨人によってつくられた島と語り継がれており、アーサー王が巨人を倒したという伝説にも関係する歴史深い場所といわれています。次にイギリスの最大のパワースポットと呼ばれる、**グラストンベリー・トー**。アーサー王とその王妃がこの場所に埋葬されたと伝わっています。かなりパワーがありそうですよね。さらに、この場所にはイエス・キリストが訪れたという記録が残されており、1500年代に閉鎖されましたが、聖杯や聖遺物が隠されているともいわれています。そんな神秘的な場所であることから**異界への入り口**とも信じられているようです。

その先には、巨大な岩が円上になっているエイヴベリーの**ストーンサークル**や紀元前2500年頃に建てられた目的不明の人工ピラミッドの**シルベリーヒル**があり、これらの周辺ではUFOの痕跡といわれている**ミステリーサークル**が何度も発見されています。

ほかにもレイライン上には、巨大な石が積み上げられた**ストーンヘンジ**もあります。このように謎とされつつも明らかに神秘的な力を感じる場所が多数存在しているのです。

レイラインは**日本**にも存在します……。

目には見えない道が日本中の神社仏閣をつなぐ

世界各地のレイラインには古代遺跡が存在しますが、日本はどうでしょうか。

日本にも偶然とは思えないレイラインがあります。

出雲大社

伊勢神宮

日本のレイラインといえば、パワースポットである千葉県の**玉前神社**(たまさきじんじゃ)から神奈川県の**寒川神社**(さむかわじんじゃ)、そして**富士山**を通って**伊吹山**へ、さらに琵琶湖にある**竹生島**(ちくぶしま)を通り、京都にある**豊受大神社**(とようけだいじんじゃ)、そして**出雲大社**にかけて結ばれているきれいな直線が有名です。

また日本全国だけでなく、地方単位でも存在します。さらに直線だけではなく結界のように記号が浮かび上がることも。その中でも代表的なのが、近畿地方にある**五芒星**(ごぼうせい)です。

伊勢神宮から始まり、**伊吹山**、**元伊勢**、**伊弉諾神宮**(いざなぎじんぐう)、**熊野本宮大社**を直線で結ぶと、なんと五芒星が現れます。一辺が170㎞にも及ぶ超巨大な結界。その中心にあるのが、**平城京**なのです。

平城京で五芒星は、陰陽道の魔除けの呪符(じゅふ)とされ、この地域一帯を守っていると伝えられています。これは間違いなく、当時の陰陽師たちが意識して

京都の平城京を中心とした五芒星。

都をつくったと考えられるのではないでしょうか。

この結界のようになにかを守っているパターンもあるのですが、レイラインにはほかの目的もあるといわれています。レイラインには、なぜパワーがあるのか？その説明のために、かなり強いパワーを持つとされるレイラインをもうひとつ紹介します。


出発点は、最古の神社といわれている**幣立神宮**。そこから四国を通って、三重の**伊勢神宮**、そして東京都の**明治神宮**へと抜けていきます。いずれも神社仏閣が関係していますね。つまり、日本のレイラインは、

神様が移動する道

と考えられているのです。

当然、神様が通る道なので神がかり的なことが起きます。強力なパワーがあるのは〝必然〟といえますね。

夫婦岩を避けるように車道がつくられている。上に、夫婦岩がある。

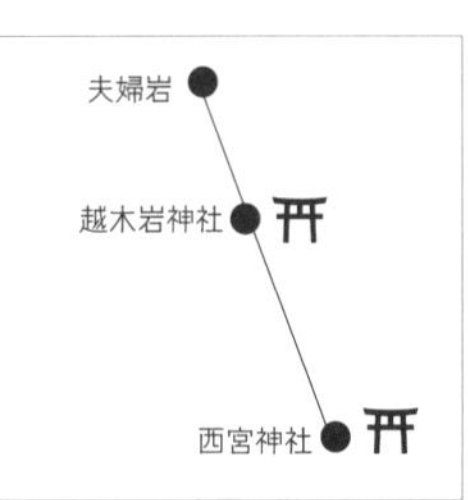

越木岩神社と西宮神社を結んだレイライン上に夫婦岩がある。

レイラインを遮ると謎の力が人間に向けられる

神様から大きなパワーをもらうのとは反対に、**祟りとか神罰**を受けるという考えも古くからありますね。実際に伊勢神宮は強すぎるパワーがあるとされ、歴史上で祟りや神罰だと捉えられた出来事もたくさんあったそうです。それは神様の怒りを買ったともいえるかもしれません。

レイラインが神様の移動する道だとするならば、神社や仏閣のある場所だけでなく、ライン上にも注目しなければなりません。例えば、

レイラインを遮っているものの存在

です。兵庫県にある**越木岩神社**(こしきいわじんじゃ)と**西宮神社**、またその近くにある**夫婦岩**(めおといわ)はレイラインで結ばれています。この夫婦岩があるところの道路、なんと**車線が分断**されています。夫婦岩を動かせない理由があるとしか考えられません。実はこの岩を撤去しようとしたこともあるらしいのですが、そのたびに作業員が亡くなられたそうです。同じように越木岩神社の神の拠り所とされている磐座(いわくら)も過去に撤去しようとした際に、ケガ人と死者が出たといわれています。

明治神宮と鹿島神宮を結んだ線上に、東京スカイツリーがある。

レイラインは決して遮（さえぎ）ってはいけないのです。しかし、大胆にもレイライン上に建築された日本一の巨大建造物があります。そう、**東京スカイツリー**です。先ほどの**幣立神宮**から**伊勢神宮**、そして**明治神宮**、最後に茨城県の**鹿島神宮**と抜けていくレイライン上に**東京スカイツリーが位置している**のです。

東京スカイツリーが建てられた場所は、はたしてレイラインを意図した場所なのか、偶然なのか。意図して建設していた場合、なぜそこに建てたのか……。もしかしたら東京をなにから守るためだったのかもしれません。

その謎を解き明かすヒントになるかはわかりませんが、東京スカイツリーといえばこんな話があります。東京スカイツリーの高さは６３４ｍですが、地下から頂上までだと**６６６**ｍの高さだといわれています。ちなみに、この〝６６６〟という数字は、世界を支配しているといわれる秘密結社が大事にしている数字だとか……。さらに、東京タワーの近くには秘密結社のロッジがあるともいわれています。

なぜ、日本の代表的な建物に秘密結社の影があるのか。パワースポットですら操られているのかもしれません。

この都市伝説ってどうなの？

鳥肌スコア 666

KOYAKKY

人によって、パワースポットにも合う合わないがあるらしいのですが、みなさんは自分なりのパワースポットってありますか？ 話題に出た越木岩神社というのは、実は僕が一番だと思っているパワースポットで、昔、兵庫県に住んでいた頃に、月１で必ず行っていたんです！ その話については僕の個人チャンネルのコヤッキーVlog(仮)で話しているので、ぜひチェックしてください（貴方にとって、この本がパワーアイテムになりますように！）。

TOUYA

（自称）数字系都市伝説テラーの私ですが、666という数字は絶対見逃せません。悪魔の刻印といわれ、非常にパワーのある数字。さらに、369はミロクの数字といわれ、非常にパワーのある数字。そして、この２つの数字は足すと18になることで、ある秘密結社が好む数字といわれています。さらに、さらに108は煩悩の数であり「とーや」とも読めることから非常にパワーがあります。これもまた１８のような数字。結果、とーやは最強です。

Lie or True あなたは信じる？

3章

歴史が動いた先に未来がある

1章では未来について、2章では過去について話しました。
3章は、過去と未来が共存した都市伝説を紹介します。
過去を変えることはできません。
だから、人々は今と未来に目を向けて目的を果たそうとします。
ところが、過去が事実として違っていたとしたら
今の判断や行動も間違ったものになるかもしれません。
未来を見る前に、過去を見つめ直すことが求められているのです。
過去、特に古代の情報はどこかで
書き換えられている可能性があるようです。

近い未来、歴史が動く

～地下に隠された古代の記憶～

宇宙人がいるとしたら彼らは地球人に対して
友好的なのだろうか？
それとも敵対しているのだろうか？
地球になにを求めているのか……
その謎がわかるかもしれない都市伝説があった。

ギザのピラミッドは、エジプトの首都カイロの郊外にある。建造時期は、紀元前2500年頃といわれている。

絶対暴いてはいけないピラミッドの地下迷宮

エジプトといえば、〝世界の七不思議〟ともいわれている**ギザの三大ピラミッド**を想像する人が多いのではないでしょうか。エジプトには大小含め140以上のピラミッドが存在しています。

ピラミッドは、一般的には**王の墓**であるといわれています。しかし、それは間違いなのかもしれません。なぜならギザの三大ピラミッドからは、遺体が見つかっていないのです。そのため、**王の墓以外にも〝宗教施設〟〝穀物の倉庫〟〝天体観測施設〟など、さまざまな機能を持つ建造物**だという説があります。

さらにピラミッドを形成している石の素材のひとつである花崗岩(かこうがん)は、ギザの周辺から見つかっておらず、ナイル川を約1000km遡(さかのぼ)った場所にあるものを、船で運んでいたと考えられています。ピラミッドの建造方法もさまざまな説がありますが、いまだに解明されていません。

最大の規模を誇る**クフ王のピラミッド**は、**重さ2・5tもある巨石を約**

ヘロドトス

古代ギリシアの歴史家で、歴史学および史学史において重要な人物の1人とされ、彼が記した『歴史』は、完本として現存している古典古代の歴史書の中では最古のものであり、古代史研究における基本史料とされる。

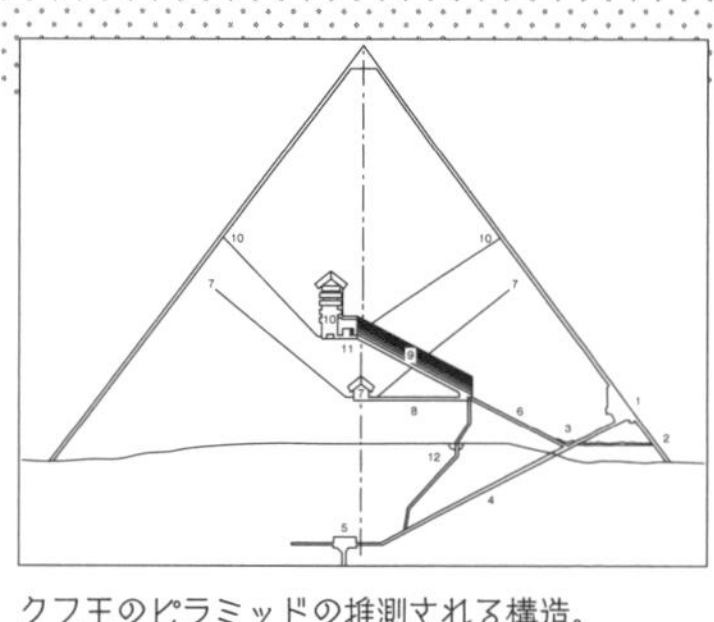

クフ王のピラミッドの推測される構造。

280万個積み上げてつくられていますが、この巨石を切り出し、運び、積み上げ、さらに内部の装飾まで施すとなると、**約2万人もの労働者が必要**だったと考えられています。いったい、なんのためにそこまでの大人数が使われたのかは、いまだに謎です。さらなる謎は、**〝積み上げられた石の年代は上のほうが古く、下のほうが新しいものだ〟**といわれていること。つまり、上から下に向かってつくられた可能性があるのです。

ピラミッドの内部には、さらに謎があります。複雑なつくりに加え、目的のわかっていない大きな空洞が見つかっています。さらに、地下には通路となる

迷宮が広がっている

といわれているのです。

現在判明しているクフ王のピラミッドの構造は、上の図のようになっています。通路が地下につながるように**〝ピラミッドの下にはまだ空間がある〟**かもしれないのです。

紀元前500年の歴史家ヘロドトスが記した著書『歴史』に、ピラミッドの地下の迷宮についての記述がありました。

「私は自分の眼でこの迷宮を見たが、それは言葉にできるものではない。ギリシア人の手に成る城壁やさまざまな建造物を集めても、この迷宮に比べれば、労力と費用はとても及ばぬことは明らかである」

というような内容で、地下迷宮の規模の大きさに驚いています。つまりヘロドトスは、地下を目の当たりにし〝**想像を絶する規模の迷宮が、ピラミッドの地下に隠されている**〟と証言しているのです。

しかし、ピラミッドの地下にいったいどのような迷宮があるのか、それはどのくらいの大きさなのか、判明しないまま2000年以上も研究は十分に進んでいないようです。

なぜピラミッドを調べても地下の謎は解明されないのか。そこには、ある疑惑が浮上しました。もしかしたら、地下への入り口が

スフィンクスに隠されている

かもしれないという話です。

ピラミッドよりも前にスフィンクスが存在していた⁉

　ギザのピラミッドの地下には多くの謎がありますが、ここで注目したいのは、ピラミッドの前に鎮座する**ライオン**です！　**スフィンクス**をライオンに例えるなんて、「めちゃくちゃ小学生レベルやん」と思う人もいるでしょう。でも実は、そうでもないのです。

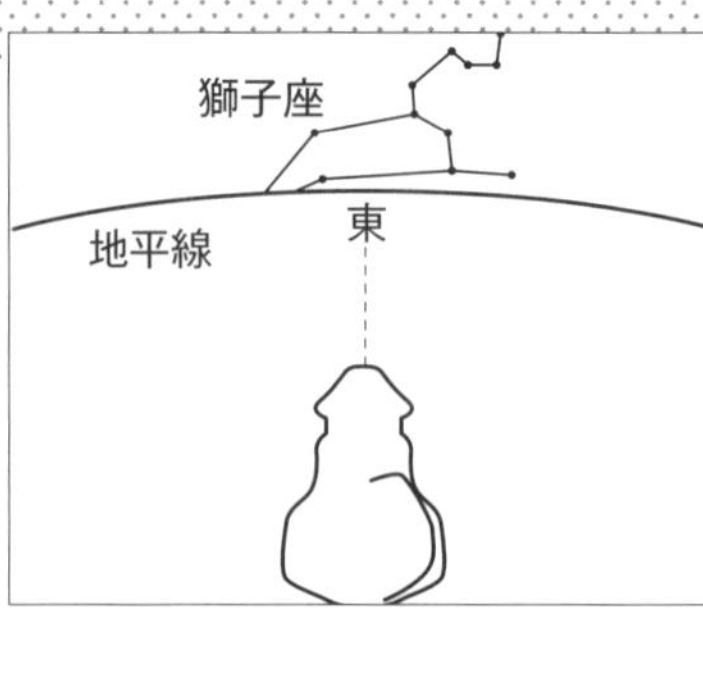

スフィンクスの視線の先に、獅子座が位置している。

　ピラミッドの前に構えるスフィンクスは、なんのために、誰につくられたかはわかっていないのですが、なんと〝**スフィンクスはピラミッドができる以前に存在していた**〟という説があります。

　ピラミッドができたのは、紀元前2500年頃といわれています。歴史を紐解（ひもと）くためイギリスの研究者がコンピューターシミュレーションで製造年代を割り出したそうです。すると、紀元前1万500年の春分の日、**獅子座の位置がちょうどスフィンクスの目の位置にくる**ことが判明したとのこと。スフィンクスは星の位置を計算され、〝夜空に映る自分の姿を見るように設計されたのではないか〟といわれているのです。

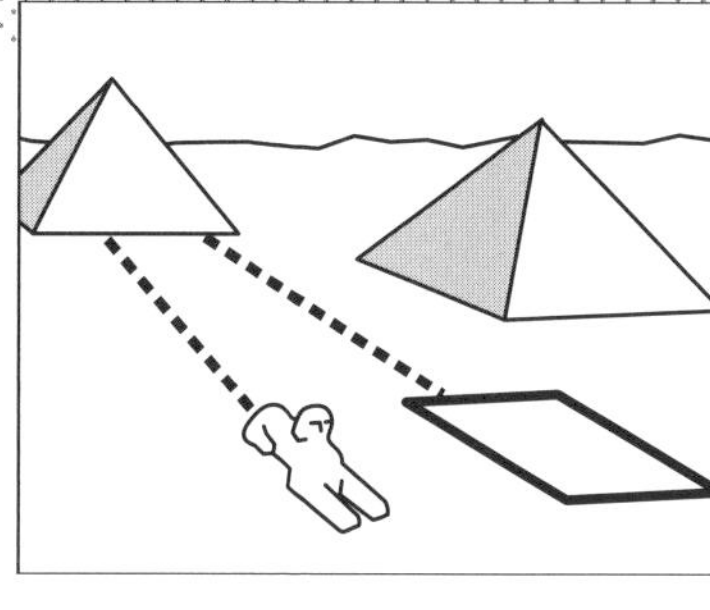

現存するスフィンクスと、いたかもしれないといわれている第２のスフィンクスの位置関係。

獅子座ということで、やっぱりライオン。いやいや、まるで洗濯洗剤で汚れを落とすような安直な話ではありません。なぜなら

スフィンクスの地下にとんでもない技術がある

かもしれないからです。

スフィンクスには地下の空洞につながる入り口が存在すると、多くの研究者は考えています。１９８７年に早稲田大学の研究室による電磁気調査で、スフィンクスの地下にはいくつかの**地下道路と空洞がある**ことが判明。また別の調査では、スフィンクスの周辺の地下に〝**規則的な形状の空間**〟があることが確認されました。さらに１９９５年、スフィンクスの近くで駐車場の工事を行っていた作業員が、謎の地下通路を発見し「地下通路はスフィンクスの方角へまっすぐ伸びていた」と証言したそうです。

さらに注目したいのが、

〝第２のスフィンクス〟

ギザのスフィンクスの足の間にある「夢の碑文」。

が存在していたかもしれないこと。

スフィンクスというと**1体**ですが、本来は狛犬のように1対、つまり2体目がいたのかもしれないです。ギザのスフィンクスの足の間にある**「夢の碑文」**には、2体のスフィンクスが描かれています。

エジプト学者のエル・シャンマー氏によると、もう1体のスフィンクスは、約1000年前に強烈な雷に撃たれて砕け散ったと推測され、すでに存在していないことになっています。ところが、2018年にエジプト南部にあるコム・オンボ神殿という古代の神殿の地下から、2体目のスフィンクスが発見されたそうなのです！

スフィンクスの新しい秘密の解明に誰もが期待しましたが、**地下の調査はなぜか中断**されます。実は調査をしていたアメリカのある考古学者とエジプト政府が結託して、〝ほかの研究者が調査をすることを禁止したのではないか〟という話があります。

もしかすると、スフィンクスの地下には、とんでもない秘密が隠されているかもしれません。

パピルス製絵画のイメージ。スフィンクスの背中には、UFOらしきものが描かれている。

最古の聖典といわれているエメラルド・タブレッドのイメージ。

スフィンクスの地下にはUFOが眠っている

スフィンクスがつくられたのが1万5000年前という話をしましたが、2008年、ウクライナの研究者が、スフィンクスがつくられたのは80万年前であることを発表した例もあります。科学的な分析によって導き出した結論だといいますが、この時代にはピラミッドどころか文明すら存在していません。**スフィンクスをつくったのは人間以外……**。なんとなのではないか、という説もあるんです。

宇宙人がつくった古代文明の証（あかし）

実際にスフィンクスと宇宙人の関係を示す資料も残っています。3000年前の古代エジプトの**パピルス製絵画**には、**スフィンクスの背中に着陸したUFOらしい物体**が描かれています。これらの鍵を握るのが「**エメラルド・タブレット**」。**アトランティス文明**から古代エジプト、そしてマヤへと伝承された最古の聖典です。1900年代初頭にギザのピラミッドで発見され、翻訳されたのちに、わけあってピラミッドに戻されたとされています。一説によると**エメラルド・タブレッ**

トは、地球の物質ではないとのこと。そこには、人が神になる方法や石を金に変える方法などが書かれているそうです。さらにスフィンクスとの関係についても記載されています。

「岩の下深くに船を埋め人間が自由になるときを待つ」
「船の上にライオンに似た碑を建てた」
「必要があるとき以外は持ち出せない」

船とは宇宙船、UFO？ そしてライオンとはスフィンクス？ さらに、**「必要があるとき」というのは、1000年前に雷が落ちたとされる説のこと**だったのでは？ 雷ではなく、UFOが発光体となって飛び立ったものかもしれません。地下のスフィンクスが見つかったこともあり、エメラルド・タブレットの信憑性は高まりました。

いずれにしても、スフィンクスはたまたピラミッドの地下に〝**宇宙人にまつわる重要ななにか**〟が隠されているかもしれません。

この都市伝説ってどうなの？

鳥肌スコア 4500

KOYAKKY

ピラミッドが好きすぎて、「ピラミッド専門チャンネル」と思われるくらいYouTubeで取り上げていますが、ピラミッドって紹介してもしきれないくらい秘密に満ちていますよね！ ただ、“とんでもピラミッド伝説”もたくさんあって、とーや君が好きなピラミッドが浮遊する説は個人的にありえないと思ってます（笑）。今後は実際にピラミッドまで調査に行きたいと思っているので、ぜひ動画のほうでも動向をチェックしてください！

TOUYA

“スフィンクスが向いている先に日本がある”という話があります。ゆえに日本とエジプト文明は関係があるとかないとか。しかし本当にスフィンクスと向き合っているのは、KFC。そう、ケンタッキーです。カーネルサンダースというと、バース（元プロ野球選手）に似ていることから道頓堀川に投げられた歴史があります。またスフィンクスは獅子、実質「虎」です。エジプトの民もまた猛虎魂を持っているのかも。エジプトの加護がある阪神タイガースは、かなり強いです。

Lie or True あなたは信じる？

古代核戦争後の衰退が、現代文明

〜知ってはいけない、超古代の叡智〜

歴史に学び、今の社会、世界が築かれた。
ただ、人々が参考にしているものは、ここ最近の時代。
なぜ、それより前の時代を見ようとしないのか。
そこには、私たちが知ってはいけない、
とんでもない事実が存在していたのかもしれない。

紀元前に残された遺跡から強い放射能を検出

パソコンが、現在使っているような形で誕生したのをいつか知っていますか？正解は、1974年です。アメリカで発売された「Altair 8800」が、世界初のパソコンといわれています。ただ、私たちがイメージするパソコンとは違い、画面やキーボードはあとから増設して組み立てるものでした。これに続いて携帯電話も普及し、**ここ50年ほどでさまざまなテクノロジーがアップグレードされています**。スマートフォンも毎年、性能がアップしたものが発表され技術革新が止まる気配はありません。

では、人類史を振り返って考えてみましょう。人類が誕生したのは10万年～20万年前といわれています。この50年で、これほどまでに文明が進歩しているのに〝**人類誕生から10万年以上経過しているのは不自然**〟だと感じませんか。

さらに、1000年ほど前までは、夜に電気もない原始的な生活を送っていました。仮に人類の歴史を10万年と設定した場合、9万9000年以上も文明が発展していない期間だったとしたら、長すぎると思いませんか。**9万9000年**

の間に、私たちの知らない歴史があったという可能性が極めて高いのです。

実は現在の文明になるまで、**何度も文明が滅んでいた**可能性があります。しかも、恐竜を絶滅させたと考えられる隕石衝突といった類のものではなく、

核戦争で文明が滅んでいる

かもしれないのです。その可能性を教えてくれる痕跡が世界各地にあります。

例えば、アフリカのリビアにある砂漠地帯で大小さまざまなガラス片が見つかっています。ガラスは砂を1700度以上の高温、高圧な熱エネルギーにさらされないとできないといわれています。**古代に1700度の熱エネルギーを生む技術があったことは、歴史資料には残されていません**。現地を調べたところ、東西53㎞にもわたってこのガラスの層が存在していたそうです。隕石が落ちたという説もありますが、付近にクレーターらしきものは発見されていません。

ほかには、スコットランドで**タップ・オノス遺跡の要塞の表面がガラス化していた**ことも発見されています。ガラス化された時期は紀元前1世紀頃であると調査によって報告されています。要塞は岩石を積み上げたのちにガラス化されてお

パキスタンの南部にあるモヘンジョ・ダロ遺跡。

り、一度に全体が高温に熱せられた可能性があるのです。また、スコットランドには60以上ものガラス化された要塞が発見されています。さらに、紀元前に建てられたとされる建造物が、ドイツやハンガリー、ポーランド、トルコ、イランなど世界各国で似たようなガラス化した状態で発見されました。

要塞をガラス化するには1000度以上の熱によって短時間で溶解する必要があるといわれているのですが、ある研究者によると、敷地をぐるりと囲む巨大な要塞全体を一度に溶かすことは当時の技術では難しいそうです。こうしたことから**〝古代に起こった戦争の証拠なのではないか〟**と考えられているのです。

古代戦争の痕跡として有名な遺跡があります。それが、パキスタンの**モヘンジョ・ダロ**です。紀元前2500年頃の人口は推定4万人とされ、城壁、集会場、マーケット、水洗トイレ、下水などに加え、道路は碁盤の目のように整備され、インダス文明が最も栄えた都市といわれています。ところが、**紀元前1800年頃に歴史から突然姿を消してしまいます**。

遺跡からは、多数の白骨が発掘されました。白骨は不自然に重なり、体はねじれ、高熱による焦げ痕も残っていたそうです。さらに高濃度の放射能も検出されています。このことから**〝一瞬にして人々が最後を迎えた核戦争の痕跡だ〟**

と信じられているそうです。ちなみにモヘンジョ・ダロは、現地の言葉で〝**死の丘**〟の意味です。このモヘンジョ・ダロから5㎞ほど離れた場所に、

「ガラスになった町」

と呼ばれる場所があるそうです。800ｍ四方の町には、ガラス化した石や砂が散乱しており、溶けて合体したレンガや気泡が混じり、ねじ曲がった土器の破片が多数見つかっています。それらの溶けた遺物を分析すると〝一瞬で1000度～1500度の高温で熱されて溶けたものだ〟という報告がありました。モヘンジョ・ダロ遺跡の付近に、都市を焼きつくすような火山は確認されていません。このことから〝高熱を発する兵器が使われていたのでは〟といわれています。

太古の地球に〝核兵器〟が存在していた

可能性があるわけです。

つまり、古代人は石とこん棒で争うような原始的な生活をしていたのではなく、現代に近い、もしくはそれ以上の文明と技術力を保有していたと考えられているのです。

トルコのカッパドキア遺跡。写真は要塞のあった場所。

古代核戦争から逃げた人間の痕跡？書物に書かれた衝撃的な歴史

戦争で人々が避難する場所といったら、**シェルター**ですよね。もし古代に核戦争が起こっていたとしたら……。実は、シェルターと思われるような遺跡が発見されています。

それが、トルコの**カッパドキア**。この遺跡は、ほとんどが地下に存在し、なんと地下20階にもなります。広大な移住区域で、当時は10万人以上の人が暮らしていたと考えられていますが、なぜわざわざ地下に巨大な施設をつくったのでしょうか。その理由が、**古代核戦争**だという説もあります。核兵器によって地上に居場所を失った人々が、地下で暮らしていたのだと考えられているのです。

そして、古代核戦争があったと思わせる書物も存在します。古代インドの二大叙事詩といわれる**「マハーバーラタ」**と**「ラーマーヤナ」**です。書物には、**ヴィマナと呼ばれる神々の空飛ぶ戦車**が登場します。空中を自在に飛行し、動力は水銀と強風と書かれています。これは、**飛行型戦闘兵器**にも見えます。**神々にあたるものは宇宙人なのか!?**

さらに、マハーバーラタには、約1万年前にインドで行われた戦争の様子が記載されており、要約した内容が次のようなものです。

宇宙のすべての力を込めたなにかがひとつ、発射された
太陽1万個に匹敵する明るさの炎と煙が、輝く柱となり空に上がった
鉄の雷のような名もなき武器は、すべてを灰と化す死の使者だった
死体は何者かわからないほど燃え尽きていた

太陽1万個に匹敵する明るさと表現された炎、それこそが核爆弾のようなものだったのではないでしょうか。過去に世界的な核戦争があったと仮定するならば、ここで文明が途絶えたのかもしれません。

文明の発展と衰退の歴史が一度ではなく、何度かあったとしたら冒頭に述べた9万9000年の空白についての説明がつきます。もしかすると、文明の衰退はこの先に訪れる可能性も……。そう思わせる**アインシュタイン**の発言があります。

「第三次世界大戦がどのように行われるかは私にはわからない。だが、第四次世界大戦が起こるとすれば、そのときに人類が用いる武器は、石とこん棒だろう」

我々は、**文明の発展と衰退を繰り返している**だけなのかもしれません。

この都市伝説ってどうなの？

鳥肌スコア 100000

KOYAKKY

人類が本当に滅んでいたとすると、僕たちが習ってきた歴史とはかけ離れすぎて驚きですよね。本当に怖いのは、"今の人類が明日滅んでしまう可能性がある"ってこと。現在も核戦争が起こってもおかしくない世界情勢ですし、時代が繰り返されているのではと思うと恐ろしいです。ただ、僕らの想像を超える文明がもし存在していたとしたら、それはロマンですよね。でもどんな超文明でも人を愛することは共通ですよね（いい雰囲気で終わる）。

TOUYA

人類の誕生が10万～20万年前って、幅ありすぎだなと思うわけですよ。もう少し調査が進んでほしいなと。それくらい人類の歴史について未解明だということでもありますが……。ただ、カッパドキアのような地下ダンジョンを僕は知っています。それが「ウメチカダンジョン」。梅田の地下街も1万年くらいすると、戦争から逃げるためにつくられた古代遺跡として発見されるかも。キタノザウルスもいるし、古代遺跡っぽい気がしてきました。

Lie or True あなたは信じる？

今、私たちは嘘の世界に生きている

～真実が記された2つの書物より～

信じていたものが、まったく別のものだったら……。
“恋人や友人、仕事関係者に裏切られる”
といったレベル感ではなく、この世のすべてが、
裏切りでつくられているのかもしれない。
それを実感する日は、意外にもすぐそこに……。

死海文書の発見で宝の内容とありかが明らかに

突然ですが、世界で最も売れている本はなんでしょうか？
それこそが**「聖書」**です。聖書はギネス記録にもなっており、3200以上の言語に訳され、世界中に広まっている本です。ところが、世界一の本であるにも関わらず、

聖書の原本はこの世に存在しない

といわれているのです。
どういうことかというと、聖書の内容は、すべて写本によって現代まで伝えられているのです。また、原本は**〝地球のどこかに隠されている〟**という噂もあります。

原本に限りなく近いとされる、世界最古の写本が存在します。それが

死海文書（しかいもんじょ）

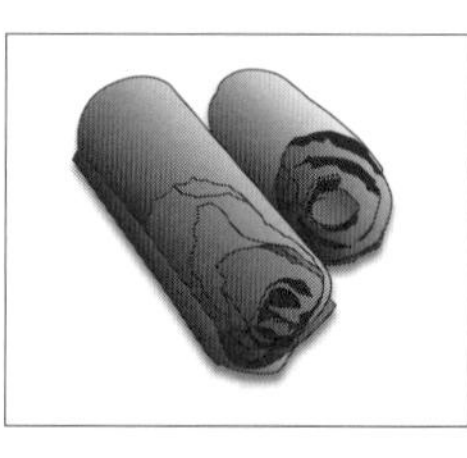
発見された死海文書のイメージ。

死海文書とは、1947年以降、イスラエルにある死海の近くの洞窟から相次いで発見された、972本の写本の総称で**〝20世紀最大の考古学的発見〟**といわれています。

見つかったのは、死海のほとりに広がるユダヤ砂漠から、ロープをつけて崖を降りなければたどり着けないような危険な場所で、**〝恐怖の洞窟〟**と呼ばれています。まさに**〝隠されているかのように死海で見つかった〟**文書なので、「死海文書」なのです。

洞窟の内部には骸骨が落ちており、死海文書のほかに6000年前の子どもの遺骨や1万5000年前の綱かごなども見つかりました。これは当時から文明があり、宗教も存在していた可能性を高める発見でした。

では死海文書には、なにが書かれているのでしょうか?

賛美歌や、当時の戦いの様子が記載されていることは知られていますが、残念ながらその内容はすべてが解明されているわけではありません。**〝宝の内容とありか〟**や**〝キリスト教発祥の謎〟**が隠されているといわれています。

死海文書のすべてが解明されていないのは、その内容がキリスト教誕生以前の

ものであり、キリスト教が始まる前の状況がわかってしまうことで、

不都合な真実が出てくる

ことを恐れたある組織の圧力があるのでは、という噂もあります。つまり、**聖書の原本かもしれない死海文書**には、現代のキリスト教の存在を否定するような、とんでもない内容が書かれているのかもしれないのです。

そのほかにも、現代がたどり着いていない**超テクノロジーの存在**や**古代戦争**について記載されているとも噂されています。

すべてを解明して公開されたら、〝**世界はひっくり返り、秩序の保たれない世の中になってしまうかもしれない**〟という、恐ろしい古文書だとしたら……。つまり、死海文書は

〝**あまりに強すぎるパワーを持った文書のため、その内容が秘匿されているのではないか**〟

と考えられるのではないでしょうか。

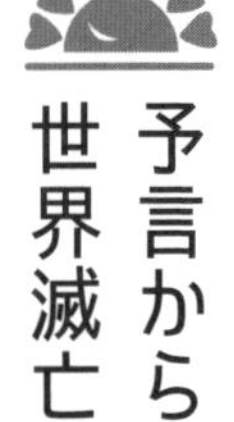

予言から推測される世界滅亡のシナリオ

死海文書を書いたのは、あるひとつの教団だといわれています。この教団は、**人知を超える能力を手にした予言者集団**ともいわれ、死海文書に**終末に関する予言**を残しているそうです。

その予言に、このような文章があるといわれています。

「エルサレムの荒廃の時が終わるまでには、70年という年数があることを悟った」

エルサレムの荒廃とは、ユダヤ教、キリスト教、イスラム教の3つの聖地であるエルサレムが混在し、互いに争うさまを指していると考えられています。そして、この70年後に始まる世界の最終戦争についても予言されています。それが

戦いの書・40年戦争の予言

といわれているものです。

これは、〝エルサレムのあるイスラエルが建国された1948年から70年後の

２０１８年に、イスラエルの荒廃が終わる〟という予言です。

〝荒廃の終わり〟は〝再生〟

を表しており、本来の姿を取り戻すため、新たな未来へ向けて動き出すと考えられているのです。そして、２０１８年から40年間の最終戦争が起こると予言されているのです。

つまり、現代はまさに最終戦争の真っ只中ということになります。世界を見わたすと、争いの絶えない時代だと思いませんか。戦争は**２０５８年（２０１８年から40年後）**に向けてより一層拡大していき、人類は悲惨（ひさん）な未来へと向かっているのかもしれません。

こうした世界の行く末が書かれた死海文書には、まだ多くの秘密が隠されていると思われます。

死海文書に書かれている内容とは、人類にとって**悲劇**なのか、それとも**喜劇**なのか……。実は、真相を知る手がかりとなるような話があります。

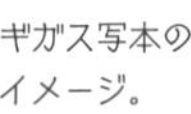
ギガス写本のイメージ。

悪魔の聖書に記された神や仏の本当の姿

お願い事をする対象はなんでしょうか？ ほとんどの人は神様、仏様にお願い事をしていると思います。〝なぜ困ったときに神や仏に祈るのか〟というと、世界中の宗教において**世界を創造したとされるのが創造神**で、つまり神や仏であるという考えが浸透しているからだといわれています。

しかし、**祈る対象は、神でも仏でもないのかもしれません。**もしかしたら、**世界を創造したのは、邪悪で、不気味な〝何者〟**だったのかもしれないのです。その何者かが、ある一冊の奇妙な書物から判明されたといわれています。その書物が、**「ギガス写本」**と呼ばれるものです。

ギガス写本は、1230年、現在のチェコ共和国にあったボヘミアのベネディクト修道院で発見されました。**その大きさは、高さ92㎝、幅50㎝、厚さ22㎝で、重さは75㎏**にも及びます。使用されている**紙は310枚**で、160頭分の羊や子牛、ロバの皮膚が使用され、虫のインクで文字や挿絵が描かれています。文字はすべてラテン語。聖書や古代の歴史、薬草療法、魔法の公式などが記載されてい

るそうです。恐ろしいのが、この書物、

「悪魔の聖書」

とも呼ばれているのです。

大きさ、内容、成り立ちなど、奇妙な点が多く、いまだ解明されていない、多くの謎が残されています。そのひとつとして、ギガス写本は

悪魔と修行僧の契約によってつくられた

という説があります。

13世紀にキリスト教のベネディクト修道院で修行していたヘルマンという人物が、戒律を違反してしまった見返りに、**「一晩で世界の知恵を一冊の写本にして完成させる」**と誓い、死刑を免れようとした伝説です。

一晩で膨大な量の写本をつくるというのは、現実味がありませんよね。ところが、筆跡鑑定の結果、ギガス写本は、すべて同一人物によって書かれたものだと判明したのです。しかも紙質やインクの経年劣化、文字の形状などが一定であることから、短期間で制作したことも推測できます。人間が成し遂げられるとは思えません。そこで浮上したのが〝**悪魔と修行僧の契約によってつくられた**〟とい

ギガス写本に挿入されている悪魔の肖像画のイメージ。本当のギガス写本のイラストを見たい人は、ぜひ調べてみてください…。しかし、あまりにもパワーがある悪魔なので調べることはおすすめしません。

う説なのです。ちなみに写本の章と章の境にあたるページには**〝悪魔の肖像画〟**が描かれています。

もしこの肖像画の悪魔を神とするならば**〝今人々が祈っている相手は悪魔であり、そもそも私たちが暮らしているのは悪魔の世界〟**ということになります。当然、世界がよくならないわけです……。

ギガス写本の謎についてもう少し探っていきましょう。ギガス写本は、過去に火事に巻き込まれたことがあります。ところが、損傷はなく、唯一損傷が見られたのは、悪魔が描かれたところの周辺のページ。シワやシミのような独特の形跡だったため**〝悪魔の印〟**ともいわれました。

ほかのページにはシワの形跡がなく、８００年の間に同一ページのみが何度も読まれたのではないかと推測されています。さらに不自然な点がありました。実は、ギガス写本には**幻のページがあります**。というのも

10ページ分取り除かれた痕跡がある

のです。先に３１０ページとお伝えしましたが、本来は３２０ページだったそう

です。失われた10ページになにが書かれていたのかは、判明していません。そこには **〝世界のすべてを呪う恐ろしい内容が書かれていた〟** という可能性があるそうです。それこそ

世界の崩壊を望む悪魔の呪言

です。

一説によると **〝世界の終わりを願う悪魔の祈り〟** が書かれているそうです。ヘルマンが契約したルシファーは、キリスト教ではもともと神に仕える天使の中でトップのような存在だったといわれています。ルシファーはいつしか神を超えようと画策するようになり、神とは違う方法で世界を創造しようと考え始め **〝神がつくったといわれる世界すべてを呪い、滅びることを望んだ〟** といわれているのです。修行僧に書かせることによって、そのメッセージを修道院の関係者の目につくようにし、聖書に書き残したのではないか……。

では、悪魔・ルシファーが創造した世界とは、どのようなものなのでしょうか？
神が創造した世界では、すべてが神から誕生したとされています。同じ神から生まれた生命体は、神というひとつの意識にアクセスすることで、それぞれの意識

を共有することができる、つまり、**〝肉体が別々でも、意識はいつも同じところにある〟**という考え方があります。

これに対してルシファーが創造した世界では、誕生した生命体が自ら行動を決定するという、**〝自由意志を持った生命体だった〟**といわれており、〝自分と他人は明確に別の存在である〟という認識です。そして、

自由を持った生命体こそが、人間

なのです。

これは、神によって創造された世界だったとしても、〝悪魔が生み出した人間の手によって別の世界に置き換えられた〟と考えることもできるのではないでしょうか。

いったい我々は日々、なにに祈っているのか……。余談ですが、世界を牛耳っているといわれる秘密結社は、悪魔崇拝といわれています。そして、その崇拝対象が、ルシファーだとか……。

この都市伝説ってどうなの？

鳥肌スコア 310

KOYAKKY

僕ら２人が好きな共通のアニメにも「死海文書」って登場し、なんならアニメから「死海文書」という言葉を知った人も多いと思うんですよね。死海っていう厨二病感満載の名前がめちゃくちゃ衝撃的だったのを今でも覚えてます。もしまた本を出版できる機会がありましたら、通常版と合わせてギガス写本版もつくってみたいですね。そんでわざと10ページ破るっていう…(笑)。次回、ギガス写本版発売!? お楽しみに。サービスサービスぅ！

TOUYA

死海文書という名前が、THE都市伝説感満載で内容がわからなくてもワクワクしちゃいますよね。もし琵琶湖で発見されたら琵琶文書だったのかなとか考えちゃうんですけど、発見された場所が「地域ガチャ」当たりを引いた感じがします(笑)。ほかの場所でも歴史文書が見つかっているにも関わらず、死海文書が有名なのは、「死海」のおかげ、この名前だからここまで流行った説をとーやは推します。やっぱり名前って大事ですね。

Lie or True あなたは信じる？

天国は見上げるのか、見下ろすのか？

～地球内部に隠された別世界～

生まれてからしばらくすると洗脳されるのが、
死後の世界について。
そして天国が空の上にあるということ。
事実も根拠もないのに、誰も疑わないところが恐ろしい。
疑うことすら許されない状況を
誰かがつくり出していたとしたら……。

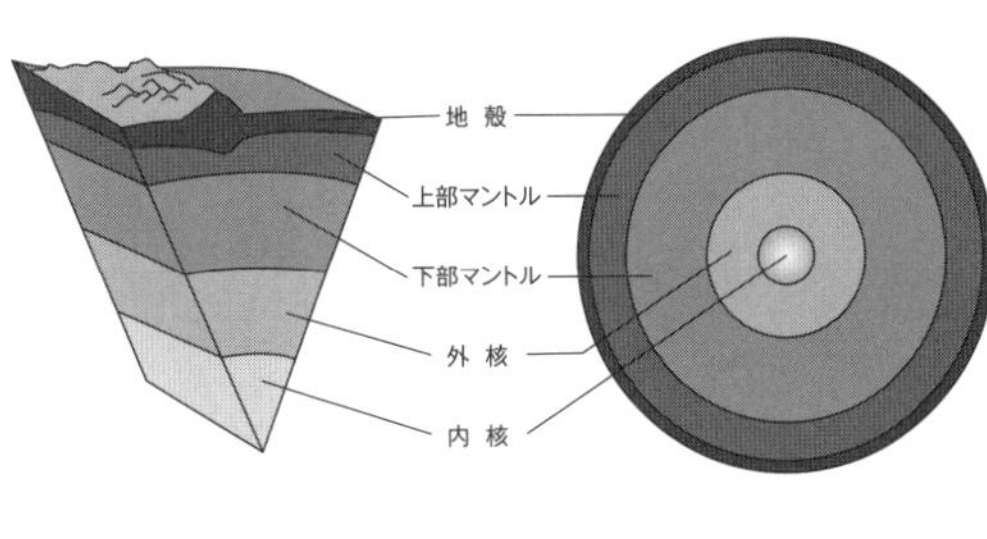

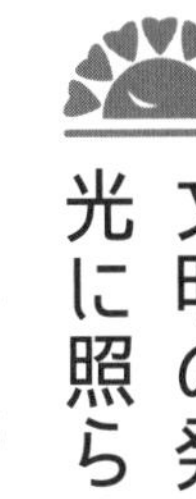

文明の発達した3つの地底都市は光に照らされている

地球の内部はどうなっていると思いますか？　地殻、マントル、核という層の構造を学校で習ったと思います。しかし、それが間違いだった可能性があるのです。どういうことかというと、

地球内部は空洞になっている「地球空洞説」

という説が存在するのです。私たちは空を見上げることはあっても、土の中を覗き込むことはできません。実際、地下の探査というのは地球の半径6300㎞に対して、最大でも1万2000ｍほどしか掘削されておらず、調査はほとんど進んでいないのです。つまり、地球の内部を誰も確認できていません。

そして〝**もし空洞があるとすれば、そここそが天国なのではないか**〟ということがいわれているのです。一般的に、天国といって連想する場所は空の上ですよね。「極楽」「浄土」「天」「理想郷」という言葉で天国の起源は各宗教に存在し〝よい行い〟をした人が行ける天上の世界として語り継がれています。

一方、地下というのは地獄であり、行きたくない場所とされます。行きたくない場所というのは**〝なにかを隠すのにピッタリ〟**なのです。

この地球空洞説は、

地下に都市が存在する

というもの。その地下都市は**〝古代核戦争によって放射能から命を守るためにつくられた〟**という説があります。

このとんでもない説を唱えたのは、どんな人物なのでしょうか？　夢想家のほら話や小説、映画のような話なのですが、この説を唱えたのは、**地球物理学者のエドモンド・ハレーです。**ハレー彗星（すいせい）のハレーです。彼は１６９２年に「地球空洞説」と題した論文を完成させました。

ハレーがいうには、**地球内部は三層構造になっており、その中心には、「セントラルサン」といわれる太陽のような熱を発する〝中心核〟が存在するため、内部はとても明るく、空洞部分に生き物が住むことができる**とのこと。そこは紫外線や自然災害もなく、豊かな自然環境と高度な文明が両立した状態を維持しているそうです。

実はハレーが地球空洞説を唱えるよりも先に〝地下に都市が存在している〟と信じている人たちがいました。それが仏教やヒンドゥー教の人たちです。仏教やヒンドゥー教の伝承では、

地下に理想郷がある

と伝えられています。

そのひとつが、**「アガルタ」**と呼ばれる、地球の地下のどこかに隠された都市で、一説によるとチベットに秘密の入り口があるそうです。アガルタは極めて高度な科学技術と文明が発達していると伝えられています。

そしてもうひとつ、仏教で信じられている幻の理想郷に**「シャンバラ」**という地底の国があります。ヒマラヤ近辺の奥地、またはゴビ砂漠遠方の地下にあるといわれています。シャンバラは、大規模な12か国を含めて96の小王国から成り立つ、総人口9億6000万人の巨大都市。そこに住む者はみな、**霊的に進化した超人**だといわれています。

さらに仏教で信じられている理想郷に**「アルザル」**という都市もあります。実はアルザルと思われる場所を訪れた人がいるそうです。

シャンバラのイメージ図。

地下から地上、地上から天空移動手段は、UFO!?

天国を目撃した人はいませんが、地底都市を目撃した人はいます。アメリカのリチャード・バードという少将の話です。

アメリカ海軍が行った大規模な南極観測プロジェクト**「ディープフリーズ作戦」**にて、彼は南極の上空を飛行中、突如霧に包まれ、そこを抜けた先に都市があったと語っています。

上空から地底都市というのも不思議なことですが、もしかしたらワープしたのかもしれません。その地底都市は**「アルザル」**といわれています。先述の、仏教に伝わる理想郷の名前と同じです。

ほかにも地球内部について証言した人がいます。ロシアに亡命している元NSA・CIAの職員は、

「**地球の内部には人間よりも高度な知能を持った地底人が住んでいる。**人類よりもはるかに高度な文明を築いているため、地底人は人間をまったく相手にしていない」

NSA

アメリカ国家安全保障局。アメリカ国防総省の諜報機関で、情報通信の諜報を行っている。

CIA

アメリカ中央情報局。人を使って対外諜報（スパイ活動）を行う情報機関。

と語ったそうです。さらに、そこに住む人間は、たびたびＵＦＯで宇宙を旅しているとも。

こうしたことから、

ＵＦＯの目撃情報が絶えない場所は、地底都市と関係がある!?

という考えが浮上しました。

例えば、メキシコの**ポポカテペトル山**。２０１６年には20を超える発光体が火口から出てくる様子を報告され、その後もＵＦＯの目撃情報が絶えません。また、アメリカの**シャスタ山**にも地底都市の入り口があるといわれ、やはりＵＦＯの目撃情報が絶えません。そして、日本ですと**富士山**、ここもまたＵＦＯの目撃情報が多数あります。実際、富士のふもとに住む人から幾度にわたるＵＦＯ目撃談を聞いたことがあります。

ＵＦＯは地底から地上に出るときの移動手段なのでは……。そして、もしかすると、**火山は地底都市へとつながる入り口**なのかもしれないのです。

また、アメリカの元政府職員フィル・シュナイダー氏が、「世界には１４７７もの地下世界が存在し、そこには高度な文明を持つエイリアンが住んでいる」という告発をしたそうです。

このように地下には、私たちの住む地上よりもはるかに高度で住みやすい世界が広がっているのかもしれません。そして、もしかすると地下世界は、想像を超えるほど多くの種族が住む、

まるで楽園のような場所

かもしれないのです。まさに**天国**ですね。

ほかにも地底世界について証言した人もいます。例えば、ノルウェー人のヤンセンという親子が「地下の楽園を見た」と証言したのは有名な話です。これは『スモーキー・ゴッド』（１９０８年出版）という小説のネタにもされ、大きな話題を呼びました。本の内容は、「ヤンセン親子が北極にある穴から地底世界に迷い込み、地球内部に住む地底人たちの国を見てきた」というものです。そして、

地底世界には巨人族が住んでいた

そうです。その後、親子は2年ほど地底世界で暮らし、地上に帰ってきたといいます。巨人についての都市伝説は4章でお話しします。

嘘のような話ですが、**実際に北極圏で暮らすイヌイット族には**「北の果てには近づいてはならない。そこには恐ろしい力を持った魔人がおり、あの世につながる入り口を守っている」という伝承もあります。もし地底都市があるなら、そこは天国なのか地獄なのか……。

では、現在の地上はどうでしょうか？ 仏教の観点では **〝この世は修行の場〟** といわれています。戦争、災害、ストレスなどにより住みやすいとはいえない地球での修行は、受け入れ難いもの。こうした背景から

人々は宇宙に目を向け始めてる

のではないでしょうか。

では、宇宙は楽園なのでしょうか？ 宇宙には光をものみ込むといわれるブラックホールがあり **〝宇宙こそが地獄〟** という人もいます。それなのに**宇宙やメタ**

バースの世界に目を向けさせるのは、

地底世界への意識を反らすため

なのかもしれません。

地底に多数の楽園都市があるとしても、80億人という人間を収めるには無理があるでしょう。つまり、**限られた人間だけが、地底都市で生活できるように準備が進められている**のかもしれません。

一方で、地上をより住みやすくし、一部の人間だけで所有したいという考えもあるでしょう。そのために

"邪魔な人間を宇宙やメタバースの世界に送り込む"

という企てがあるかもしれません。

我々にとっての天国は、いったいどこにあるのでしょうか。

この都市伝説ってどうなの？

鳥肌スコア　1マン（トル）

KOYAKKY

真実から目を背けさせるために、別のところに注目させるのは、スポーツやマジックにもある手法で、僕たちもよく「メタバース！」とかいって盛り上がっていますが、もしメタバースがカムフラージュで、本当は別のものを隠したかったとしたら怖すぎませんか。昨今のウイルスの話題しかり、地球空洞説しかり、真実は目に見えないところに……。いったいなにが真実で正解なのでしょうか？ 今日、家のエアコンつけっぱなしで出てきた気がする……。

TOUYA

地球空洞説でいつも思うんですけど、空洞といいつつそこに地底世界があるなら、それは“空洞ちゃうやん！”と。空洞説ってドーナツみたいにすかすかなイメージがありません？　もし、本当に地底世界があると思うなら、地球二重世界説とか、地球地底世界もあるよ説とか、そういう名前に改名したいです。どうですかね、都市伝説界のみなさん⁉ さておき、地球空洞説自体はすごく好きなので、いつか南極に行って確かめたいです。

月と火星は誰かにとって都合がよい

～行きはよいよい、帰りは存在しない～

宇宙への進出というと、なぜか
英雄物語のように語られることばかりである。
宇宙は地球より明らかに過酷な環境なのに……。
この先、宇宙移住への選択を迫られたとき、
判断の参考にしてもらいたい話があった。

地球と月の距離

約38万km。1969年のアポロ11号は、
約102時間で到着したといわれている。

月は自然発生ではなく人工物として誕生したのかも

人類がはじめて月に行ったのは1969年、「アポロ11号」です。**「人間にとっては小さな一歩だが、人類にとっては大きな飛躍である」**という言葉が有名です。その3年後、「アポロ17号」の有人探査が行われました。ではその後に、月面での調査は行われたのでしょうか。実は、**50年以上もの長い間、人類は月面に降り立っていません。**なぜこんなにも長い間、人類が月面に到達できていないのか不思議に思いませんか？

月に人類と大きく関係する秘密が隠されている

影響があるからかもしれません。

月は地球に一番近い天体です。しかし、**月がどのようにしてできたかは、いまだに仮説止まり**なのです。地球も月も誕生したのは45億〜46億年前といわれており〝地球の一部が分裂して月になった〟〝月も地球も同じ時期、同じ場所で誕生した〟と考える研究者もいます。しかし、どれも信憑性に欠けます。そこで月

に隠された秘密の真相を探っていきましょう。このような話があります。

地球には磁場があり、その影響で地震が起きます。一方、**月には磁場はありませんが、「月震（げっしん）」と呼ばれる地震のようなものが起きている**のです。なんと8年間で1万2000回以上も発生しているそうです。アポロ12号で月面着陸船を故意に月に衝突させ、人工的に地震を発生させた実験では、月面は約1時間も振動し続け、その振動は月の裏側にまで届き、鐘のように鳴り響いたといわれています。同じくアポロの実験によると、月の密度は地球の60％ほどで、これは水に浮かぶほどの密度だそうです。そして、外側から中心部までの密度差がほとんどないことがわかったそうです。これらのことから導かれるのは〝**月には核が存在しない**〟のかもしれないということです。

一般的には核がない天体には、磁場が存在しないといわれています。しかし、月の岩石にはなぜか磁場が存在しているという矛盾があります。このことから、

月は人工物で、さらに中は空洞なのではないか

と考えられるようになったのです。月の誕生が45億年前とか46億年前だとしたら、**月をつくることができる者は限られてくる**のではないでしょうか。

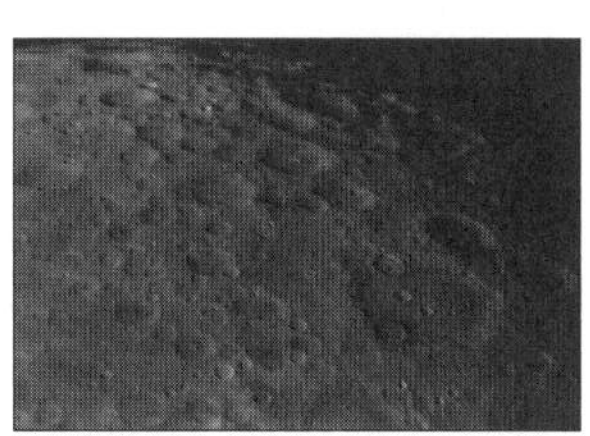
月のクレーターのイメージ。

また、月は地球のように大気圏がないため、隕石の落下を防ぐ術がありません。それなのに**クレーター**の深さがとても浅いのです。それは**月が二重構造に**なっており、内側には隕石でも削れない〝**極端に硬い球体の物質**〟があるかもしれないのです。これを不思議に思ったアポロの宇宙飛行士は、電動ドリルでクレーターの底に穴をあけ、少し削れた物質を測定に出したところ、その正体は、なんと、**金属のチタン**だったのです。さらに、〝**月の裏側はクレーターだらけではないのか**〟という説もあります。つまり、〝**月は隕石を背中で受け止め、地球を守っているのかもしれない**〟ということです。

ほかにも気になることがあります。月面にはじめて上陸したときに14万枚撮影されたといわれていますが、公表されたのはわずか500枚。また船長や船員がUFOを見たとか、船内からUFOを動画撮影したという噂もありますが、これらも表に出ていません。隠蔽(いんぺい)されているといってもよいのではないでしょうか。

月の誕生が科学として仮説にとどまっていること、月の研究開発に時間を要していることを踏まえると、もしかしたら月の開発が進まないのは、**宇宙人が関係している**のかも。日本人が月見を楽しんでいるとき、向こうからは宇宙人が地球鑑賞を楽しんでいる、もしくは、私たちを監視しているのかもしれません……。

全人類に隠された極秘計画　宇宙人と企む世界征服

長らく人類が月に到達していないのは、宇宙開発の進展に遅れが生じているとも考えられますが、水面下で、ある計画が進められているという話があります。その背景には、**宇宙人との契約**があるのだとか。

それは〝アメリカの第35代大統領であるドワイト・D・アイゼンハワー氏が、**グリーダ条約**という宇宙人との契約を結んだ〟という都市伝説です。一説にはアメリカ人が宇宙人から技術の提供を受け、宇宙の進んだ技術力を手にいれる代わりに、その見返りとして、少人数の人間を宇宙人への生贄（いけにえ）にするといった、恐ろしい内容といわれています。生贄となった人間は実験台にされたり、火星に送られたりするとも。そんな秘密の契約が噂されているのです。そんなことから**〝宇宙人は火星を実験場としている〟**ともいわれています。

2021年12月、**欧州宇宙機関**が、火星にある巨大な渓谷を周回機で調べた結果、**地表付近に大量の水が存在**していることが判明しました。この衝撃的なニュースにより、**「人類が火星で生きることができるのでは？」**と想像を膨らませた人がいるかもしれません。しかし、これは火星のイメージアップの一環かもしれないのです。現在、世界中が宇宙開発に乗り出しています。ロシアは2025年に、中国は2033年に有人火星探査機を打ち上げると発表。アメリカも火星を目指すようです。これだけ多くの国が同時期に火星を目指しているのは、やはり

宇宙人との契約が関係している

のではないでしょうか。

地球では、人間と宇宙人によって、すでに実験が行われているともいわれているそうです。それは人間の体内になんらかの異物を埋め込めたとか……。もしそうだとすると、データの蓄積を行っているのかもしれません。

また、NASAには、もともと**「プロジェクト・ノア」**という〝選ばれた人間〟だけがほかの星へ脱出する極秘計画があったといわれています。2014年にアメリカの政府関係者が暴露したことで発覚したそうです。宇宙人との契約により、地球外のテクノロジーを得た一部の人間が、地球の危機が訪れたときに火星に移住できるように計画しているのかもしれません。

この**ノア計画**なのですが、あながち本当なのかもしれません。**「ノアの方舟」**というと〝すべての生物のつがいを乗せ、新しい世界へ旅立った〟という解釈

ができる話です。人間が生きていくには、食べ物も必要です。地球以外の星で地球と似たような環境を構築しないといけません。そういった作業のことを**「テラフォーミング」**といいます。そして、この**テラフォーミングの準備が、着実に進められているよう**です。

例えば、北極とノルウェーの間の島に**「スヴァールバル世界種子貯蔵庫」**という、世界中の種子を保存している場所があります。これは、戦争や災害などで、現在の農業環境が危機的状況に陥った場合でも立て直せるように用意している種子のバックアップです。なんと、一部では**「ノアの方舟」**とも呼ばれているのです。もしかすると、どこかの星で栽培するためなのかもしれません。

火星で水が確認できたとするならば、将来的には農業をすることも可能でしょう。火星に人が住む時代がやってくるのかもしれません。しかし、もし本当に宇宙人が火星を実験場としているのであれば、人類の火星移住はなのかも……。すでに一部の人が、宇宙のテクノロジーを使って、人類を都合よく操ろうとしているのかもしれません。

実験台となる人間への誘導戦略

この都市伝説ってどうなの？

鳥肌スコア 11

KOYAKKY

宇宙旅行が身近になりつつある中で、月に行くのもそう遠くない未来、身近になると思うんですよね。やっぱり男としては宇宙に憧れる部分もあるわけで。僕もとーや君も宇宙とか星が大好きなので、月に行って撮影したYouTuberとして活動できる日を夢に見て、コヤッキースタジオではこれからも月の謎に迫っていきたいと思います。月から生配信したい！ Wi-Fi大丈夫か!? そうなったら絶対に見てください！ スパチャ頼むね！

TOUYA

実は、NASAがアポロ計画を中止したのは「たけのこ派」だったからです。「アポロ派、きのこ派、たけのこ派」あなたは何派？ 月が人工物だなんてありえNASAそうな話なんですけど、月になにかしらの世界に公開できない秘密があるのかもしれません。ところで、2025年あたりはNASAギャグをNASAが認めNASAってくださる気がしています。すべってしまってNASAけないときもありますが、これからもとーやのことを応援NASAってください。

Lie or True あなたは信じる？

4章

謎にロマンを感じるか 恐怖を感じるか

ここまで過去から未来までの都市伝説を紹介してきました。
しかし、まだまだ都市伝説は語り尽くせないぐらいあります。
例えば、宇宙人や巨人、7年に一度現れる島……、
といった都市伝説が存在します。
そんな空想のような話が、この世にあふれているのです。
それらは本当に〝空想だけ〟なのでしょうか？
多くの人が探し求めようとする、
ロマンを感じる伝説をお話ししましょう。

どこかで巨人が眠りから覚める

～存在も歴史も未来も隠蔽されたまま～

伝説の真否を証明するには、現代の発見が必要だが、
それらが何者かによって隠蔽されているかも……。
例えば、真実を知らないまま、突如巨人が現れたら
驚愕（きょうがく）するどころではすまされないはずだ。
では、こちらから知りにいけばどうなるのだろうか……。

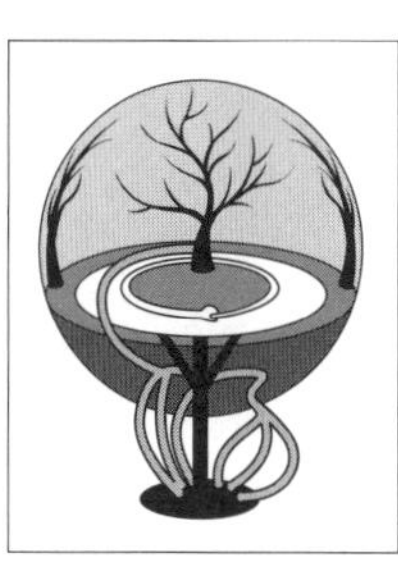

樹が世界の土台となったユグドラシルのイメージ図。

世界の巨木伝説が表に出てこない理由があった

突然ですが、みなさん、アリになってみましょう。体の大きさをアリくらいの感覚にして、木を眺めてください。見上げても主幹しか見えず、枝や葉の形状を捉えることはできなさそうですよね。

実は、その昔の地球には、**人間が見上げても上が見えないほどの大木**がたくさんあったといわれているのです。大木といえば、日本では**屋久島の縄文杉**が有名です。その高さは25・3m。ただ巨木というほどではありませんよね。日本書紀には、現在の福岡県三池に約3000mの巨木が橋代わりにされていたと記されているようです。この巨木が倒される前は、この巨木のつくる日陰によって、阿蘇山（1592m）が隠れたという伝説まであるのです。

そしてこのような伝説は日本だけでなく、世界中に存在しています。巨木伝説として有名なのが、北欧神話に出てくる「**ユグドラシル**」です。枝でいくつもの世界を支える大樹、つまり、樹が世界の土台となっているのです。その圧倒的なスケール感から「**世界樹・宇宙樹**」とも呼ばれています。

アメリカ・ワイオミング州にある岩山「デビルズタワー」。

また、アメリカ・ワイオミング州にある**「デビルズタワー」**と呼ばれる岩山は、実は、**〝巨木の切り株〟**という説があり、その高さはふもとから約400m、頂上は5㎢もあるそうなのです。

ほかにも各地に巨木伝説がありますが、なぜか**巨木についての情報がほとんど表に出ていない**のです。誰かによって隠蔽(いんぺい)されているかのように……。

実際にインターネットで巨木に関する投稿があると〝信憑性(しんぴょうせい)がない〟ということですぐに否定をされたり、アカウントが凍結されたり、そこまで必死になって情報を隠蔽しようとする動きに〝疑い〟の気持ちがますます高まってはいます。

こうしたことから巨木の情報を隠蔽する理由には、

巨人の存在が関わっている

と考えられているようです。

どういうことかというと、今私たちが見ている森の木々は、人間に合ったサイズだから視界に入れることができます。人間がアリのサイズになると、それらを木とは認識できないでしょう。巨木を木として認識するには、人間が大きくな

南アフリカで発見された、ゴリアテの足跡のイメージ。

るしかありません。つまり

巨木があった時代には、巨人が存在していた

と考えられます。巨木と巨人がセットである理由は、単純なものです。世界中を巨木が覆っていたとするなら、その巨木が放出する超高濃度な酸素の中で生活できるのは、それだけの酸素を必要とする巨人だけだと考えられるからです。もし、小さな体の人間がそのような環境に身を置けば、すぐに酸素過多で死んでしまうと考えられます。

また、先述のデビルズタワーにも巨大な切り株らしきものが残っていることから、巨木を切り倒すことができるのは巨人くらいだと想像できます。巨人に関しても世界中に多数の伝説があるほか、巨人が存在していたと推測できるものが見つかっています。

例えば、南アフリカで発見された化石**「ゴリアテの足跡」**はなんと1・2mもあります。これは人間の約5倍の大きさです。足跡から身長を割り出すと、少なく見積もっても**5m**に。アメリカのカリフォルニアでは2・5m、1・5mの足跡が見つかっており、さらに身長が大きかったと推定されます。さらにエクアドルで

は人骨と思われる巨大な骨が見つかっており、身長**7・6m**に値するものだといわれています。

ところが、こうした巨人の存在は隠蔽されているのかもしれません。その理由は2つ考えられます。

【1つ目】

人類進化論の定説が覆る(くつがえ)ることで、研究や根幹が揺らぐことになり、研究者やそれに関わる組織の都合が悪くなる。

【2つ目】

巨人は人の肉を食べる「カニバリズム」があったとされるが、これをタブーとする宗教は、巨人の存在を認めることができない。

もし巨人が存在するとすれば、聖書に書かれていることが事実となります。そうすると都合の悪い組織が出てきます。これが隠蔽されている最大の理由かも……。つまり、非常に強い権力を持つその組織が、

巨人の存在を隠し続けている

といえるのではないでしょうか。

巨人の生き残りが存在証拠が出るたびに隠される

アフガニスタンのカンダハール州で、偵察任務についていた〝**アメリカ人兵士が巨人と戦った**〟とされる話があります。

それは2002年、たった20年前のことです。洞窟の中から出てきた**約5mの身長で赤い髪の毛の巨人**に複数の兵士が銃撃し、巨人が倒れるまでに30秒ほど要したといわれています。しかし、倒された巨人の姿が表に出ることはなく、兵士のコメントもいっさい公表されませんでした。

また、アフガニスタンの地元民によると〝**巨人が人間を食べていた**〟という伝説があり、この洞窟では定期的に生贄を差し出していたといわれています。

これと共通するような巨人伝説はほかの地域にもあります。例えば、アメリカのネバダ州には「**シーテカー**」と呼ばれる、数千年前に存在していた巨人族の伝説があります。巨人は赤い髪の毛と白い肌が特徴で、洞窟で暮らしていたとされています。その当時、同じ地球に人間の**パイユート族**も暮らしており、巨人と激しく戦ったのち、洞窟に火を放って滅亡させたという話もあります。その洞窟

メキシコのチチェン・イッツァのピラミッド。

は現在も残っており、何度か発掘調査が行われ、**巨人のミイラが発見されたそうです。**

シーテカーはすでに絶滅してしまったのでしょうか？ 絶滅したという決定的な証拠は見つかっていません。つまり、

〝巨人が現在まで生き延びている可能性がある〟

これは先述のアフガニスタンで兵士と戦った巨人と関係しているかもしれません。巨人のミイラが見つかったとすれば、仮説ではなくなりますが、今もなお伝説としての扱いのまま。

アメリカの第16代大統領であるリンカーンは、

「古代のアメリカ大陸には、巨人がいた可能性がある」

と言及したという噂もあるそうですが、リンカーンの死後150年以上が経った今、**〝巨人が存在していた可能性がある〟**という状況から大きな変化はありません。

また、メキシコのチチェン・イッツァ、テオティワカンなどで発見されたピラ

スミソニアン博物館

アメリカを代表する科学、産業、技術、芸術、自然史の19の博物館の集合体の総称。世界最大規模を誇る。

ミッドから〝**2・5〜4mの巨人の遺骨が見つかった**〟という話があります。その骸骨を放射性炭素年代測定にかけて分析したところ、数千年前のものだという可能性が出てきたそうです。これにより

太古の地球には巨人が生きていた

ということにたどり着いた、とある研究者は思ったそうです。ところが、その研究者がメディアに出ようとしたところ、何者かに阻止(そし)されたといわれています。

その研究者は、巨人の遺骨はスミソニアン博物館にあり、隠蔽されていると主張しています。実際にアメリカの最高裁でも博物館の隠蔽工作を認め、20世紀初頭の機密書類の開示も求めました。その書類の内容は、〝人間の進化に関する学説を守るためにスミソニアン博物館が数万年前の巨大な人骨を隠蔽した〟という事実の証拠になるとか。〝**数千点もの巨人の骨を破壊した書類の存在が発覚した**〟そうなのです。

ところが、その直後〝この裁判がデマだった〟という情報がネットで流れ、真相はまた闇へと戻りました。最高裁に対しても誰かの大きな力が働いていたのかもしれません……。

コールドスリープ

体を低温に保つことで生命活動を一時的に停止させ、老化を防ぐ技術、または装置のこと。

なぜそこまで表に出せない理由があるのでしょうか。先述の「人類の進化論が揺らぐ問題」「宗教上の問題」だけでなく、別の理由がある……。それは

巨人を復活させる計画

がある、つまり〝巨人を軍の力に加えよう〟という噂があるそうです。

アメリカの**「極秘宇宙プロジェクト」**に参加したとされる人物の話によると、ある組織が**〝コールドスリープ状態の巨人をどこかに保管している〟**と。その場所はアメリカだけでなく、世界各地にあるとか……。

もしかするとアフガニスタンで兵士が遭遇したのは、コールドスリープ状態から目覚めた巨人だったのかもしれません。

また、憶測には憶測を生むものですが、こうして隠蔽されたものには

〝宇宙人が関わっている〟

という都市伝説も数多くありますが、信じるかどうかは……。

この都市伝説ってどうなの？

鳥肌スコア 1985

KOYAKKY

一目見て偽物だと思うようなUMA（未確認動物）の写真や映像を見たことがあるけど、巨人の化石についても明らかに偽物だと思う写真が調べるとたくさん出てきますよね。でも、すべてが偽物だと断定するのはおもしろ味がないよねーって。恐竜が生きていたことを考えると、巨大な人間が存在していた可能性だって0じゃないはず。すべてを否定から入らず、ロマンを感じる方向に一度目を向けてみることが、新しい可能性を広げるきっかけになるのかもしれません！（キリッ）

TOUYA

1985というのは、私とーやが応援するプロ野球チーム「阪神タイガース」が日本一になった年。そしてライバル球団といえば「読売ジャイアンツ」。そう巨人です。阪神と巨人の2022年の対戦は勝ち越したので、2023年も阪神が勝ち越すことを願っています。「阪神の試合とコヤスタは実は関係しているのでは？」とスタジオで話題になったことがあります。というのも、なぜかコヤスタの撮影日に阪神が明らかに負けているのです。これは呪いかもしれません。

Lie or True あなたは信じる？

科学も脳も狂わす、幻の島

〜異次元の世界にある“音の力”〜

昔から島には多くの謎があるとされてきたが、
たどり着けない、もしくは立ち入れない島がある。
地理学も科学も太刀打ちできない不思議な島。
その謎が解き明かされたとき、
世界の秘密の多くがわかるだろう……。

霧の中から現れる失われた〃幻の島〃

目的地に行く際、地図を見ますか？ それとも地図アプリなどの案内に従いますか？ 時間がかかったとしても目的地には必ずたどり着けますよね。ところが、現代のどんな技術を使ってもたどり着けないどころか、

存在を確認できない島

があります。それは、アイルランド西海岸から約200マイル離れた場所に、かつてあったとされる**「ハイ・ブラジル」**という島です。

1325年の海図には記載されていたらしいのですが、**1900年代の地図には島ごと存在しなくなっている**のです。アイルランドの伝承によれば、この島はケルト神話の追放された神の一族の聖域とされていました。ハイ・ブラジ

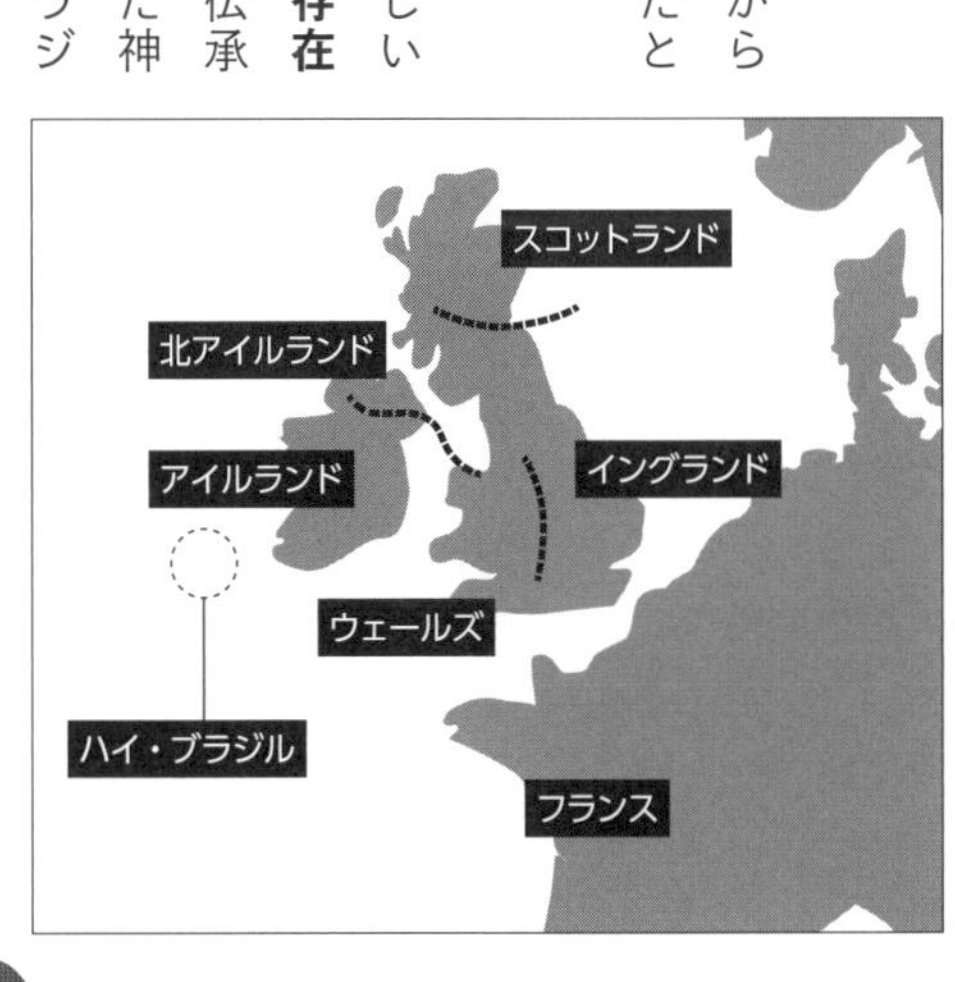

ルは高い技術力と富、不死の高度な文明であると信じられています。そしてともいわれています。

魔法の力を持つ島

過去に探検隊などが何度も探しにいきましたが、見つけることはできませんでした。やはり幻だったのでしょうか。ところが、１６７４年にこの島が目撃されることになります。

フランスからアイルランドに帰る船の話です。船は深い霧に覆（おお）われ、航路から外れてしまいます。３時間ほどで周囲の視界が晴れると、目の前に現れたのは見たこともない島。船員の４人は島に上陸し、火を焚（た）いて野宿をしていると**どこからともなく音が聞こえてきた**のです。慌（あわ）てて船に戻って浜を見ると、そこには11人の男が立っていました。そして、男たちの話を聞くことに。なんと火を焚いたことで呪いが解け、囚われていた仲間が解放されたというのです。男たちから、お礼の金やお土産そして、帰りのルートを教えてもらい、無事にアイルランドに戻ったそうなのです。

その後、別の調査隊が追跡調査で再び島に上陸。その際の報告によると、

ある種の音波・音楽が大きな物体を動かしていた

らしいのです。また〝**人間の力だけでは持ち上げられない巨大石を、音で浮かせていた**〟という話もあります。以降も目撃談はいくつかありますが、島の存在を実証するものではありませんでした。

一方、〝**このハイ・ブラジルが別の事件と関連しているのでは？**〟という話も出てきています。それは、１９８０年に起きた**レンデルシャムの森事件**です。ＵＦＯとの遭遇事件のことで、イギリスの**ロズウェル事件**ともいわれます。

イギリスの米空軍基地に駐留していたアメリカの軍人が、森の中に降りてくる未知の物体を発見。その後すぐに調査のために3人の兵士が森に派遣されると、直径３ｍの三角形の金属製物体があったといわれています。その翌日も上空で光る飛行物体が確認されており、この事件は報告書としても残っています。しかし、軍はＵＦＯの存在は認めるも、宇宙人の存在に対しては否定しているといわれています。

この調査の前日、ある兵士もＵＦＯらしきものを目撃しており、**ＵＦＯ本体に図形や数式が掘り込んであること**に気づいたそうです。兵士はその数式を思い出し、記録に残しましたが、その記録は放置されていました。それから30年後、ある専門家がその記録された数式を解読すると、プログラミングに使用する〝**バイナリコード**〟だったそうなのです。なんと、世界各地にある7つの古代遺跡の経度と緯度を記した座標のリストが含まれていたらしく、さらに

起源の年8100年

人間性の探究

惑星の進化のための連続的な

という不思議な文字列も確認されたそうです。そのバイナリコードには〝**起源の地**〟**として2度登場する座標が存在**。その座標こそ**ハイ・ブラジルがあったとされる場所**だったといわれているのです。

ハイ・ブラジルは、古代遺跡とともにバイナリコードに記されていたため、

ハイ・ブラジルが異次元への入口と出口を表している

と考える研究者もいるようです。

さらに、〝**ハイ・ブラジルは7年に一度霧の中から現れる**〟という伝説もあり、これは**別次元をワープしている**可能性もあるのではないでしょうか。

マラカイボ湖は、ベネズエラの北部、カリブ海につながるところにある。

一部のエリアにだけ常に雷が発生し続けている

ハイ・ブラジルにある文明が、巨大石を移動させることができたとすれば、イギリスにある**ストーンヘンジ**の謎も解き明かされるかもしれません。このストーンヘンジにまつわる**〝異界への門とつながっている〟**という伝説もあります。

異界への門と考えられている場所はほかにもあり、例えば、ベネズエラに流れる**カタトゥンボ川とマラカイボ湖の合流地点**では、科学では証明できない現象が起き続けています。それは

1年に200日以上、雷が発生し続けている

という現象。しかも**1時間に約280回も雷が発生**するというのです。

雷雲は地上からの水蒸気でできます。その雷は**「カタトゥンボの雷」**といわれています。水蒸気は木々から発生しますが、カタトゥンボ川とマラカイボ湖にはそれほど大きな熱帯雨林はなく、**なぜここまでの数の雷が発生しているかは、いまだ科学で証明できていない**のです。また、ここでの

「カタトゥンボの雷」のイメージ。

雷は無音のものが存在

します。この雷は、ベネズエラに2つの大きな貢献をしました。

1つ目が1595年、イングランドのフランシス・ドレークが、マラカイボ経由でスペイン軍に攻撃を仕掛けたとき、雷の光のおかげで、敵艦隊の位置を察知でき、その**夜襲を防ぐことができた**ということ。2つ目が1823年、海底に潜んでいたスペイン艦隊を雷が照らし出し、**奇襲を防ぐことに成功した**ということ。

この二度による防衛により、ベネズエラは今も生き残ることができたといわれています。こうしたことから、現地では

雷は「神の力」

だと信じられています。さらに、カタトゥンボの雷の中には**「スパイダー雷」**ともいわれ、蜘蛛の巣のような雷が見えることも。

この雷は見方を変えれば、**龍のようにも見えます。**もしかするとベネズエラは、龍の加護を受けているのかもしれません。

この都市伝説ってどうなの？

鳥肌スコア　7

KOYAKKY

都市伝説に馴染みのない方もこの本を読んでくれているかもしれません。ハイ・ブラジルの都市伝説はどうでした？ 個人的には某海賊漫画のようなワクワクしかないんよね！ 興味を持ってもらえたら、オススメの“幻の大陸”がほかにもあって、ムー大陸やアトランティス大陸など、コヤスタの動画でチェックしてほしいです。どこにも載っていないであろう考察をとーや君と繰り広げ、2人とも漫画が好きだから想像も膨らむ！ 想像することが、都市伝説の醍醐味かも。

TOUYA

今回は音がキーワードになる話でしたが、僕、実は知ってるんですよね！ ハイ・ブラジルで流れている、異世界に繋がる音というのを。それが鳩の鳴き声なんですけど、鳩というのは宇宙人が送り込んだスパイという説があるんですよ！ 鳩スパイ説というのはYouTubeで熱弁したらまったく再生されず、もう動物をスパイだなんていうのはやめようと思います。ちなみに猫が宇宙人のスパイ説というのも紹介したのですが、再生されず寂しくなりました……。

Lie or True あなたは信じる？

日本を救う3つの奇跡

〜古来からのメッセージは未解読〜

人類の滅亡、紛争、ある組織の支配など、
未来に不安を覚える都市伝説の中に、
人類を救うためのメッセージらしきものがあった。
それは日本に、しかも3つも。もしかすると、
昔の日本人からのメッセージかもしれない……。

宮城県塩竈市にある御釜神社に祀られる「四口の神釜」のイメージ。

ある釜に入った海水その変化でなにかが起きる

災害を避ける方法はあるでしょうか？ 災害対策は災害が起きてからのものですよね。また、地震発生を知らせてくれる技術も生まれていますが、現在のところ発生直前のアラームで避難する時間は限られています。〝事前に災害を教えてくれるものがあったら〟と誰もが望んでいるでしょう。実は、そんな奇跡的な力を持ったものが古くから存在していたかもしれないのです。

それは、宮城県の御釜神社の御神体である

「四口の神釜」

の話です。直径1m以上ある4つの鉄製の釜が半分埋められており、中には海水が入っています。この海水、**通常は釜の錆びで濁っていますが、変事の際に透明になる**そうです。古くは1683年2月に色が変わったとき、当時の藩主であった伊達政宗の病が発覚。その後、亡くなりました。

また近年では、2011年3月11日の午前8時頃にも同じ現象があったといわれています。東日本大震災が発生した日の朝、6時間前のことです。御釜神社は港町からすぐのところにあり、神社の周囲は津波により被災してしまいました。しかし**津波は、御釜神社を避けるように広がり、被害を免れた**のです。神社は高い場所にあるわけでもないため、

〝神通力〟

ではないかといわれているのです。その根拠は歴史にありました。

四口の神釜は、日本神話に登場する「海の神・塩土老翁神(しおつちおじのかみ)」が塩をつくるのに使用したとされる釜をマネたものといわれています。現在、四口の神釜は、毎年7月上旬に「藻塩焼神事」という儀式で神釜の海水が入れ替えられています。不思議なことに、**どれだけ大雨が続いても釜から水があふれることがなく、どれだけ日照りが続いても干上がることはない**そうです。

こうしたことから超常的な存在、つまり神通力が信じられてきたそうです。この原理を解明することができたとしたら、あらゆる災厄を予知でき、被災を免れることができるかもしれません。つまり、**未来への希望がここに存在している**のです。

兵庫県高砂市にある生石神社の御神体「石の宝殿」。

現代人に向けられたメッセージを持つ巨大石

歴史は遺跡や古文書から読み解き、現代、未来の暮らしに生かされていくもので、それは**〝現代人に向けたメッセージ〟**だと受け取ることもできます。

そんなメッセージを持っていると考えられているのが、兵庫県高砂市にある生石神社（おうしこじんじゃ）の御神体である

「石の宝殿（いしのほうでん）」

です。別名**「浮石（うきいし）」**ともいわれ、浮いているように見える石造物です。

横幅6・4m、高さ5・7m、重量500tという巨大石。さらに大きな石から切り出されたものだといわれていますが、誰が、いつ、なんのためにつくったものなのか、また石の内部構造は不明です。**石の表面全体には削られた加工痕（かこうこん）**があります。

さらに、巨大石は池の中にありますが、なんと**池への水路は存在していません。**それどころか**大雨になっても日照りになっても水位が変わらない**というのです。

石の宝殿の歴史は日本神話まで遡り、2000年前につくられたといわれています。〝日本神話で国づくりに関わった神、**オオクニヌシ**と**スクナヒコナ**は、日本を鎮めるために石でできた宮を一晩でつくろうとしました。しかし、その途中で地元の神の乱が起きたため中断。完成を諦め、横倒しになったままの石の宮に籠った〟という話です。その後、紀元前1世紀頃、崇神天皇のときに疫病の大流行によって民の半数を失ってしまったといわれていますが、そのときに**「石の宮に籠る二神の怨霊を祀れば天下は平和になる」**というお告げがあり、生石神社を建てたことで疫病の流行は収まったといわれています。

先述の石の表面の加工痕に目を向けます。もしかすると石の宝殿は

真実の歴史を記した巨大な記録媒体

なのかもしれません。ただ、現時点ではそれを読み解く術がないのです。しかし現時点では読み解けなくても、この先その術を得ることができれば、**これが地球や人類を救うものになる**のかもしれません。

宮崎県と鹿児島県の県境にある高千穂峰の頂上にある「天逆鉾」。

世界は1つだったことを示す山頂に刺さった鉾

「天逆鉾(あまのさかほこ)」

神話によると日本は、**イザナミ**、**イザナギ**の2神によってつくられたとされ、国をつくる際、海をかき混ぜたといわれています。そのときに使われたといわれる鉾が残っているのです。宮崎と鹿児島の県境にある高千穂峰(たかちほのみね)に逆さに刺さったです。これは崇神天皇が建てたとされる霧島東神社の社宝になっています。

霧島東神社の伝承によれば、天照大神の孫が天逆鉾を譲り受け、国家平定のために使用したのちに、**〝これからの日本の国家が安定し、二度と天逆鉾が振るわれないように〟という願いを込めて、山頂に突き刺した**とされています。決して抜いてはいけないものです。しかしながら、過去にこれを抜いたとされる人物がいました。それが、**坂本龍馬**です。このエピソードは姉に手紙でも伝えられており、なんとその手紙は、桂浜の龍馬記念館に現存しています。

天逆鉾は200万年前からあり続けるといわれていますが、霧島の度重なる噴

ヒンドゥー教の最高神シヴァ神の像。

トリアイナと呼ばれる鉾を持ったポセイドン像。

火によって、矛先はレプリカといわれており、もともとの姿なのは柄の部分のみといわれています。しかし、不思議なことにこのレプリカをつくった人物も判明していません。

この天逆鉾に似たものは世界各地にも見られます。例えば、ギリシャ神話やローマ神話に登場する海の神**ポセイドン**が使用していた**「トリアイナ」**という鉾。天逆鉾のように先端が3つに分かれています。ほかにもヒンドゥー教の最高神**シヴァ神**などが持っている鉾も似た形状です。世界の3つの異なる地点から、神と武器が共通するということは、日本の神道を含め、

世界のあらゆる宗教はもともと1つだった

のではないかといわれているのです。つまり、天逆鉾の存在は、**世界をまとめようとするメッセージ**なのでは……。

四口の神釜、石の宝殿、天逆鉾。これらは**「日本三奇」**と呼ばれています。「奇」は「奇跡」を意味します。この奇跡の秘密を解き明かすことができたとき、我々に〝楽園のような安寧の世界〟が訪れるのかもしれません。

この都市伝説ってどうなの？

鳥肌スコア　3

KOYAKKY

YouTuberという職業を選んでいなかったら、この本が誕生することもなかったと考えると、ほんと奇跡の1冊だと、書きながら思っています。日本三奇を動画で紹介したときにとーや君に聞かれたんですよ、「奇跡って信じますか？」って。「とーや君と出会えたことが奇跡」っていいことをいったのに、そういうことを女の子にもいうからメンヘラをつくるとか、明らかにイメージを下げることをいわれ、そんな相方と5年以上もYouTubeを続けてるのが奇跡やわ！

TOUYA

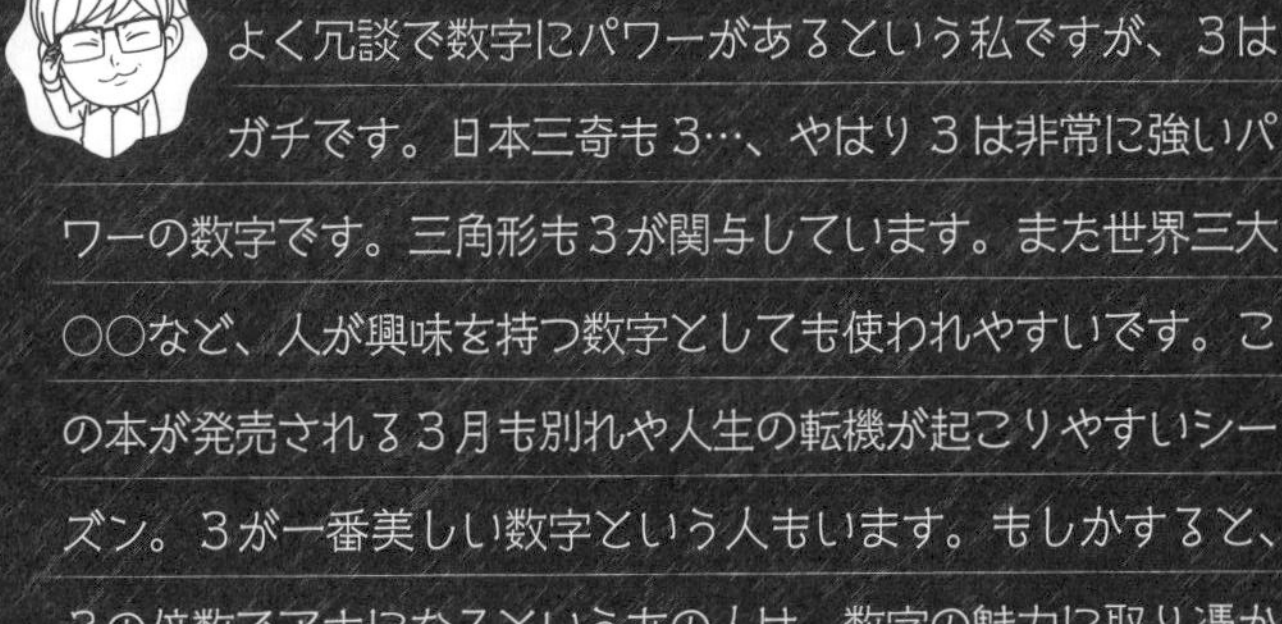

よく冗談で数字にパワーがあるという私ですが、3はガチです。日本三奇も3…、やはり3は非常に強いパワーの数字です。三角形も3が関与しています。また世界三大○○など、人が興味を持つ数字としても使われやすいです。この本が発売される3月も別れや人生の転機が起こりやすいシーズン。3が一番美しい数字という人もいます。もしかすると、3の倍数でアホになるというあの人は、数字の魅力に取り憑かれてしまったのかも……。

Lie or True あなたは信じる？

昔話に秘められたメッセージ

〜日本人と宇宙人との交流記録〜

都市伝説は古代遺跡、古書などから歴史を紐解き、
宇宙とのつながりの可能性を見出すものが多い。
その中で最も庶民的な歴史文献があった。
それは誰もが知っている、昔話。
むかしむかし、あるところに謎が隠されており……。

かぐや姫は実際に月からやってきた

昔話をどのような気持ちで読み聞かされていましたか？　また、お子さんがいる人はどのような思いを込めて読み聞かせていますか？　〝創造性豊かな物語にロマンを感じる〟という人が多いのではないのでしょうか。ところが、昔話の多くには、**隠されたメッセージ**があるといわれています。それは**〝宇宙人と交流〟**した話なのかもしれないのです。

日本最古の物語は**「竹取物語」**です。これは**「かぐや姫」**というタイトルの昔話にもなっていますよね。内容はご存じの通りですが、実生活では想像もつかない展開です。日本で最初につくられた物語の創造性は、とてつもなく壮大なものだと考えられるのです。竹取物語ができたのは900年頃といわれていますが、仮に作者の創造力が長けていたとしても、**月（宇宙）を設定することに違和感**を覚えませんか？　実際に、物語でかぐや姫は

自ら別世界の住人

と宣言しています。

光り輝く竹から出てきたかぐや姫は、わずか3寸（約9㎝）。これだけでも驚きですが、その後、3か月で成人になるのです。また自らが発光しているかのような白い肌をしていました。そんなかぐや姫に求婚する男性は多く、かぐや姫を連れて帰ろうとした男性に対し、かぐや姫は

「**自分がここ（地球）に生まれたのであれば**可能ですが、連れていくのはとても難しいことでしょう」

といい、自分の姿を一瞬にして光に変えてしまいます。それを見た男性は〝ただの人間ではなかった〟と悟ったのです。

物語にはほかにも宇宙との関係を示す描写があります。例えば、かぐや姫を乗り物で迎えにきた天人（てんにん）です。竹取物語は今から1000年以上も昔からあるにも関わらず、人類がはじめて有人飛行に成功したのはたった120年前のことです。はたして当時、**乗り物で空を移動する**という発想自体ができたでしょうか。

また、地上からは人間が天人に矢を放ちますが、〝すべてあらぬ方向に飛んでいった〟という**超能力のような描写**もあります。さらにかぐや姫が天の羽衣を着ると、天人たちと上空へ昇っていきます。これは**UFOに吸い込まれる「アブダク**

ション」の描写と同じです。

しかも〝**かぐや姫に関わるほとんどの記憶は誰にも残らなかった**〟といわれているのです。これは、

意識をコントロールしている

とも捉えられませんか？

かぐや姫に求婚した男性は、すべて実在した人物だといわれています。700年頃に存在していた人物なので、〝**竹取物語は約200年前に起きたものが書き留められた**〟と推定できます。つまり、その期間は口伝によって語り継がれたということです。900年頃にできた物語でも、その出来事が200年前の出来事なら「むかしむかし」という始まりがしっくりきますよね。

かぐや姫が住んでいるという月は、都市伝説でもたびたび登場します。〝月が人工物かもしれない〟という都市伝説も本書で紹介しました。これらの都市伝説を知ったうえでかぐや姫を読み返したら、物語の見え方が変わるかもしれません……。

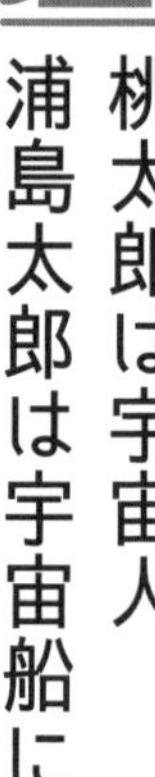

桃太郎は宇宙人
浦島太郎は宇宙船に乗った

昔話で**「桃太郎」**は外せませんよね。このお話も実生活とかけ離れた描写ばかりです。

まず、大きな桃から出てきた赤ちゃん。これは竹から生まれたかぐや姫と似た設定です。**〝1人用のUFOから人が出てきた〟**と解釈できるかもしれません。また、桃太郎もかぐや姫と同じように猛スピードで成長しますが、この点も人間とは思えませんよね。

さらに、犬、猿、きじを仲間にしますが、きび団子でコミュニケーションがとれるとは思えず、**〝超能力が働いていた〟**と考えられます。そして、大人複数人でも敵わない大きな鬼を、少年が退治するというのも、超人的な力がなければ成し遂げられないでしょう。

〝違和感ありあり〟ですが、

桃太郎が超常的な力を持つ宇宙人だった

とすれば、すべてつじつまが合います。

桃太郎と同じように有名な昔話の**「浦島太郎」**。こちらは浦島太郎が宇宙人だったわけではないようです。**〝亀がＵＦＯであり、竜宮城がその母船、竜宮城にいる乙姫が宇宙人だった〟**といわれています。また、竜宮城で過ごしたあと、地上に戻って玉手箱をあけるとおじいさんになったという設定は、

宇宙と地球の時空の違いを描写

したものだと考えられます。竜宮城、つまりＵＦＯの母船では、地球上よりもはるかに速く時間が経過していたのです。

この「浦島太郎」の昔話、実はモデルになったものがあります。「丹後国風土記逸文」という書物で、昔話とは内容が多々異なります。

主人公は浦嶋子という若者で、ある日、船に乗り釣りをしに出かけます。しかし三日三晩、魚は釣れず、釣れたのは五色の亀のみ。そのうち浦嶋子が船でうとうとしていると、目の前には美しい女性と不思議な乗り物があったというような内容の始まりです。

さらに**女性は、「天上から来た」**といい、浦嶋子を常世(とこよ)に誘います。移動の間、浦嶋子は眠るようにいわれ、目を覚ますと目の前には大きな島がありました。そ

の島こそ、上空にあった宇宙船（母船）だったのかもしれません。

また地上に戻った浦嶋子は、故郷に知り合いが一人もいないことに気づき、村人から〝300年前に浦嶋子という人物が行方不明になった〟ことを告げられます。なんと300年も経っていたのです。悲しみのあまり玉手箱をあけた浦嶋子は、上空のUFOのようなものに吸い上げられるという結末です。

これらの昔話は、

宇宙人との交流記録

だったのかもしれません。

では、なぜこのような昔話がつくられ、現代に残されているのでしょうか。もしかすると、**〝昔の日本人から未来の人々に向けたメッセージ〟**なのかもしれません。子どもが楽しめる昔話は、誰もが記憶できる内容ともいえますから、なにかを伝えるには最適でしょう。

ひとつの本や物語を読むにしても視点を変えれば、多くのことを感じ取れます。

本書もさまざまな視点から読むことで、あなたにとって**〝なにか気づきのある〟**ものになるとうれしいです。

この都市伝説ってどうなの？

鳥肌スコア 900

KOYAKKY

月で人間のような姿をしたミイラが発見された…、と話題になったことがありました。真実かわかりませんが、３章では月が人工物として誕生したと紹介しました。月をつくった生命体の存在を描いた作品が、かぐや姫だったとしたら、すごいと思いませんか？ このように、都市伝説は一つひとつの話でも楽しめますが、複数の説を合わせて考えてみると、さらに魅力的になるかもしれません。みなさん独自の都市伝説の楽しみ方を見つけてください。

TOUYA

ここまで書いて思うのですが、最後の都市伝説まであっという間でした。みなさんはどうでしたか？ さまざまな時間軸に夢を馳せてあっという間だった、何日もかけて丁寧に読んだ、コメントだけ先に読んだ。 同じ本の読み方でも人によって時間の感じ方も使い方も違うはず、不思議ですよね。本書で紹介した都市伝説のいずれかがあなたに刺さることを願っています。もしかすると、その都市伝説がきっかけで道が開けるかも！ みなに幸あれ。

都市伝説は語るものであり、自分でつくるもの

“噂”と“伝説”の定義は明確ではなく、
その違いも定かではありません。
どちらも真実か嘘なのかは不明のままですが、
口承が繰り返されることで、真実味が増していくこともあります。
都市伝説を聞き、心になにかが残ったなら、
それは誰かに語るべきでは？
語り継がれていく過程で、伝説は変化をし続けています。
身のまわりに、あなただけが気づいた
都市伝説があるかもしれません。
あなたが語り始めることで、未来になにかが残されていくでしょう。

TOUYA SPEAKS

若返り続けるエンタメ超人の本性

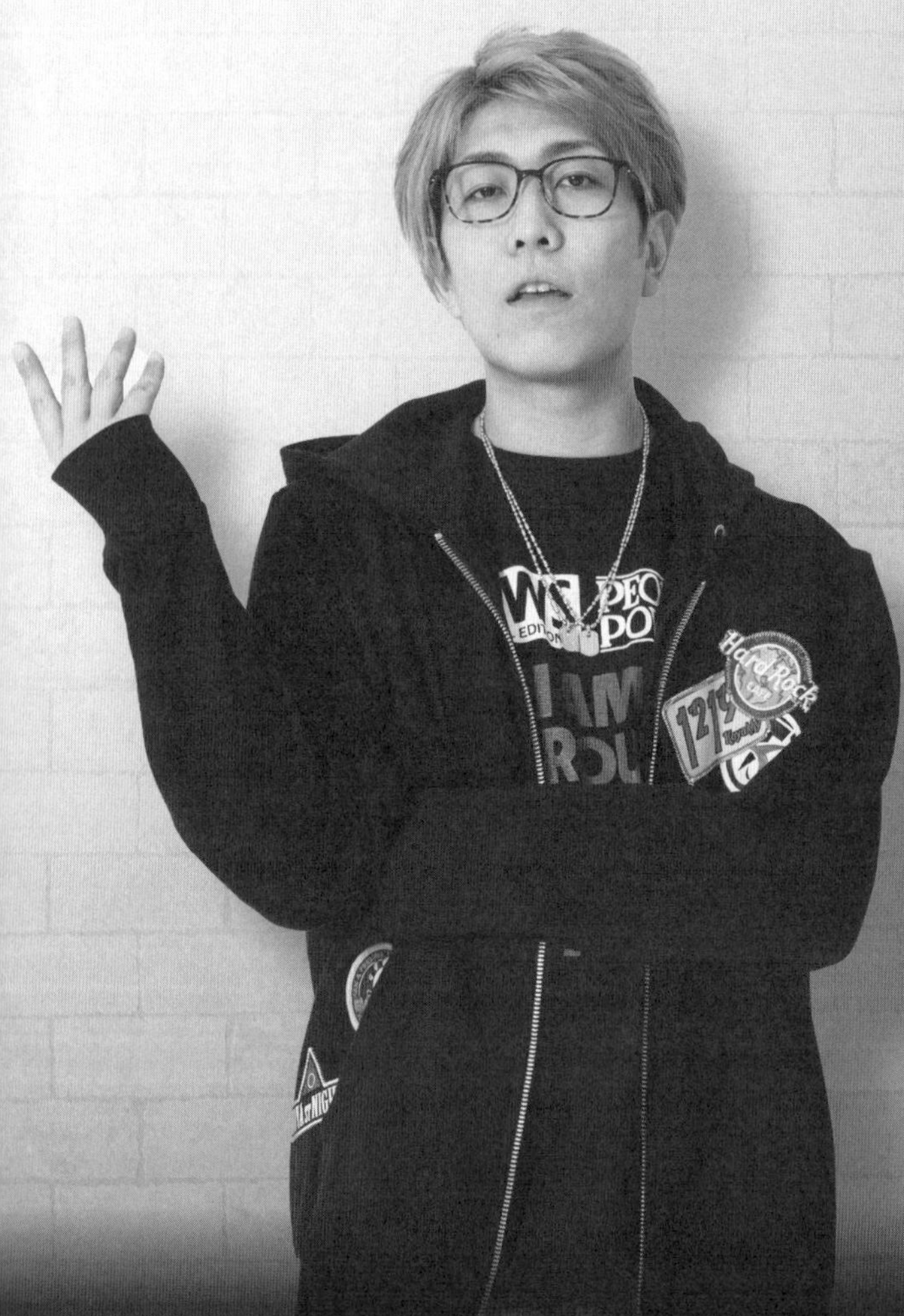

フィギュアコレクターとして名高く、
国民的マンガ＆アニメの最強オタク。
一方で、ギターを弾き、曲をつくる音楽家。
休むことなく動き続けるコヤッキー。
彼の持つエネルギーは、人間の域を超えていた……。

～とーやが語る**コヤッキー**の都市伝説～

国民的マンガの変態オタクターゲットは視界に入ったもの

みなさん料理をすることはありますか？　忙しくしていると、なかなか手づくりできないものですよね。街にはおいしいものがたくさんあるから、食べることには困りませんし。でも、**粉物は大阪が一番**ですね。〝大阪では各家庭にたこ焼き器がある〟という都市伝説があります。ちなみに、東京の我が家にもあり、スタジオにも実家にもあります。いつでもタコパができる環境ですよ。

料理をするときは材料が必要ですよね。同じ材料でもつくる人によって、見た目も味も変わるのがおもしろいところ。トークも同じで、**同じ材料（＝ネタ）でもしゃべり方ひとつでまったく違う話になる**んですよね。この

ネタの使い方が巧みなのが、コヤッキーさん

です。

その前に、コヤッキーさんは、材料を集めるリサーチにも秀でたものがあります。フィギュアコレクターとして有名なのはご存じかと思います。ワンピースのフィギュアに関していえば、マニアがよだれを垂らしそうなものをたくさん

持っていますからね。さらに、新しいジャンルについても**視界に入ったものなら、コレクション活動はすぐにスタート**。そして〝**おもしろい作品には一気にハマる**〟というのがコヤッキーさん。短期間で大量のフィギュアを集めてしまうのです。この**スピード感と収集量は、真似をできる人がいないのでは**。まさに

〝コレクター超人〟

一方でコヤッキーさんの根底には、国民的マンガのオタクというものがあります。マンガは過去の作品を読めますが、コヤッキーさんは、**いわゆる国民的マンガをかなり読み込んでいます**。この種のマンガについては、調べるよりコヤッキーさんに聞いたほうが早く、正確です。

知識量とコレクション力を持ち合わせたコヤッキーさんは、それこそ

変態的オタク

なのです。

オタクという言葉は、ひと昔前なら社会から少しはみ出した人の印象がありましたね。今では好きなことに没頭できることをリスペクトされていますが、コヤッキーさんの場合、その域に収まりきっていない感じですが……。

人が寝ている間に仕事を食べて進化する

ＹｏｕＴｕｂｅチャンネル「コヤッキースタジオ」をご覧いただいている方はご存じかと思いますが、私はコヤッキーさんに頻繁にツッコミを入れられています。このツッコミ、とてもありがたいもので、どんなボケも笑いに変換してくれるんですよね。ただコヤッキーさんがいうには

ツッコミではなく訂正

とのこと。こうした言葉の変換もコヤッキーさん独自の話術で、話に興味を持ってもらうには、聞く人を

いかに錯覚させられるか

ということなんですって。そしてマイナーな情報をあえて入れるそうです。その昔、コヤッキーさんが営業の仕事をしていた頃、先輩に「悪用するなよ」といわれた技術のひとつだそうです。この話し方を詳しく知りたいですよね？　なんと、この本書の２０６ページから解説いたします。

ところで、興味を引くというのが私たちの仕事ですが、順番としては、自分が興味を持つのが先ですよね。コヤッキーさんの場合、興味を持つ習性は勝手についていたそうです。

例えば、コヤッキーさんは音楽活動に強いこだわりがあります。特にギターの技術はプロ顔負けです。おもしろいのが、子どもの頃にお父さんから自分のギターを買ってもらうための条件。それは、**「ベンチャーズ」と「かぐや姫」の曲をマスターすること**だったそうです。こうして音楽にのめり込んだように、あらゆるものに興味を持つ性分になったんでしょうね。

あらゆることに関心を示すのは子どもの特性かもしれません。ただ、コヤッキーさんは、今でも変わらないまま。むしろ**興味の幅は広がる一方**です。

ＹｏｕＴｕｂｅチャンネルを複数を掛け持ち、音楽活動、グッズやイベントプロデュースなど、ひとりで何役もこなしています。

仕事で気分転換をしている

この忙しさは僕には絶対無理です。僕の場合は、遊んで気分転換しないと仕事に集中できないです。ただ、コヤッキーさんは仕事で気分転換しているんですね。私の半分も寝ていませんよ。もはや**衣笠、金本、コヤッキー**ですよ。

衣笠祥雄 氏（1947-2018）
広島東洋カープの元プロ野球選手。2215試合連続出場は日本記録。

金本知憲 氏（1968-）
広島東洋カープ、阪神タイガースの元プロ野球選手。1492連続試合フルイニング出場と13686連続イニング出場は世界記録。

鉄人です。

コヤッキーさんは都市伝説以外に音楽活動やグッズのデザインもしているんですが、それらを順番にこなしていくことで気分転換をしているんです。その根底には

「仕事を通して会えるみんなが好き」

があるんですね。

出会ってから7、8年経ちますが、むしろ

年々若返っている

ように感じます。これって**超人を超して宇宙人**ですよね。もしそうだっとしても、私にとっては常に身近にいるお手本です。とてもありがたいことです。私は寝ますけどね……。

次のページで、コヤッキーさんが僕の都市伝説を語ってくれます。お楽しみに。

KOYAKKY SPEAKS

一般ウケしない人間が誰かに生かされたら……

ボケてなんぼ、笑いをとってなんぼ。
都市伝説の語り手として異色な存在のとーや。
褒(ほ)められること、生かされることを
こよなく望むことで社会を動かしている。
彼の言動は、科学技術の域を超えていた……。

～コヤッキーが語る**とーや**の都市伝説～

90年代生まれの80年代育ちが未来のハザードマップを持つ

粉物といえばお好み焼きですか？　たこ焼きですか？　どちらもとーや君の好物ですね。これが粉物の代表格だと思いますが、たい焼きも忘れてはいけない存在。たい焼きには養殖と天然があるって知っていましたか？　養殖は一度に大量に焼ける機器でつくられたもの、天然は一度に1匹か2匹しか焼けない昔ながらの機器でつくられたものなんですって。

天然というと人間にも例えられることがありますよね。でも**人間に天然は存在しない**と思うんです。独特の雰囲気を持つ人がそう呼ばれる傾向にありますが、

とーや君も天然ではありません。

一般ウケしないことは確かですが、実際はさまざま物事に触れてきたことで築き上げられた**真面目な人物**なのです。

例えば、とーや君とは音楽活動も一緒に行っていましたが、実はとーや君、歌が苦手。でも、自身の意思でボイトレに行き、どんどん上達したんですね。こ

れは都市伝説の話し方でも同様です。

ボケもそうです。人をいかに笑わせるかという社会〝大阪〟で育ったことで、幼い頃からボケを積み重ねてきました。そして彼がたどり着いたのは、

ボケは質ではなく、量で勝負することです。

プロの芸人ではないことを自覚しての考えです。とはいえ、動画ではボケた9割は採用。その中で**「バックスクリーン3連発」**というフレーズは、ほぼカットされません。これは、阪神タイガースが1985年に優勝した名場面のこと。ただ、とーや君が生まれたのは、この年から数年後。つまり生まれていないときのことを、まるでリアルタイムだったかのように語れるのは、

過去と現在を行き来できる

のかもしれません。天然どころの話ではなくなりますよね。

また、日本政府の都市伝説のようなプロジェクト**「ムーンショット目標」**というフレーズもよくいっていますよね。実はとーや君、**未来の備えを入念にすることを心がけている**ようです。予知できる才能があるのでしょうか……。

アバターは自らつくり
アイデンティティはオーダーする

先のとーや君が「過去と現在を行き来できるのでは？」というくだりですが、単に関西のローカル番組で、何度も1985年のシーンが流され、あたかもそれが現在であるかのように**錯覚した結果**のようです。本人は**洗脳**されたといっています。「予知できる才能があるのでは？」というくだりは、**物件を選ぶときにハザードマップを確認**するといった準備からくる予測を指しています。

こうした普段と振り幅のある発言や行動も、とーや君の持ち味。動画の収録は、ネタ収集、構成、原稿作成、情報調査などを念入りに行います。これは私もとーや君も同じ。ただ、とーや君が寝起きで本番を迎えたり、ひどいときは**収録が始まってから目覚めたりするのは、シナリオにないこと**です。でもこれも私にとってはウエルカム。**想定外のことが、〝きっかけ〟になる**からです。仮に過去に話したこと、古い情報だったとしても、とーや君は

鮮度を蘇らせる

ような言動を行うことができるわけです。

ムーンショット目標に話を戻しましょう。これは内閣府が発表している、2050年までの達成目標。この本でもたびたび出てきましたよね。とーや君はその未来に生き残ろうとしているのです。

・ムーンショット目標の政策のひとつであるアバターが10体与えられるのが楽しみ

・「月」に3万円で行けるかもしれない

という独自の解釈による願望があり、それまでに生きているために、災害グッズを揃え、住まいのハザードマップを確認しているわけです。

災害への備えは大切なことですが、この厳しい社会を生き抜くには、自分を認めてもらわなければなりません。その点、とーや君は

他人によって生かされる術を持っている

のです。

子どもの頃からさまざまな物事に触れた彼の**エンタメ偏差値はかなり高い**です。ただ、そのままの状態で社会に出ても受け入れられることはないでしょう。しかし、**とーや君をうまく編集すれば、代わりのいない存在**になります。とーや君にとって〝自分が自分であること〟〝その自分が社会から認められること〟であるという、つまり

アイデンティティは自分の手を使わず得られる

のです。

とーや君を編集するのは私です。彼が望む自分は、**架空世界ではなく現実世界で得られます**。そんな人間、あまりいないですよね。

私がその気になっているのは、とーや君が**超人、または宇宙人だから**かもしれません。もしそうだったとしても、私にとっては常に身近にいる最高のネタ元です。とてもありがたいことです。私の企(くわだ)てには、この先も付き合ってもらいますけどね……。

コヤッキースタジオ発

都市伝説の話し方講座

~仕事関係者、友人、恋人との付き合いが変わる~

都市伝説を語れる人材を増やしたいわけではない。
"伝える"ということは、誰もが生きていくうえで
欠かせないアクションであり、
その能力があれば、幸せな人々が増える。
その橋渡しが本講座の目的である。

講座
1
講師
コヤッキー

伝え方で受け取り方も変わる 視点も想像も人それぞれ

みなさん、学校は好きでしたか？　私は早くして**学校の勉強を放棄**しましたが、部活や友だちとの交流が楽しかったので、充実していましたよ。ヤンチャな子、優等生、お笑いキャラなど友だちもさまざまで、それぞれ会話の内容も違っていました。そんなある日、校長先生が丸い円の真ん中に点を描いて「これはなにに見える？」と質問しました。ある子は富士山、ある子はリンゴと回答。でも私にはそのようには見えません。すると校長先生が**「富士山もリンゴも真上から見るとこんな形だね」**と。

人それぞれの違いは大人になっても痛感。私はお笑い好きで、大阪ではじめて吉本新喜劇を見たときは衝撃を受けました。この感動を友だちに伝えようと、丸暗記して話したんですね。で、ウケませんでした。**話し方、話す人によって、結果がまったく違ってくる**のです。では、どうしたら感動を伝えられるか。それはだったのです。

相手を引き込むこと

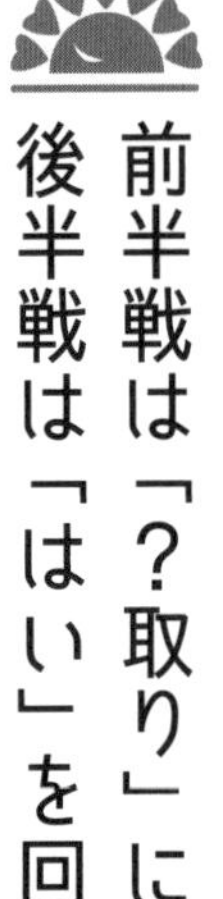

前半戦は「?取り」に徹し後半戦は「はい」を回収

「今から話し方の技術を伝えます」といわれて、興味を持ちますか？　おもしろそうな感じはしないですよね。これは自分本位な語り始めで、悪い例です。お笑いでも落語でも本題に入る前に、ちょっとした話をしますよね。落語では**「枕」**というそうです。

例えば「みなさん告白したことはありますか?」と聞くと、自分の経験を思い出しますよね。これは

相手に考える時間を与えること

になります。

ポイントは**「身近な話題」と「疑問形」**です。「では最近、誰かに好きっていいましたか?」で考えてもらい、さらに「愛しているって日本人はいわないですよね?」と疑問を畳み掛けていきます。相手に「?」をたくさんつくることで、話し手と聞き手の距離がどんどん縮まっていきます。つまり、**相手を引き込む準備をする**のです。一度引き込めたら次に重要になるのが、

飽きさせないこと

です。

興味を持つと期待が生まれ、それにいかに応（こた）えていくかが、後半戦の課題です。

具体的にいうと、**情報提供**です。この情報はなんでもいいわけではありませんが、前半の疑問の答えに関係しているものであれば、聞く人は**「自分との答え合わせ」**をしていきます。期待通りのことを聞けていることは、「はい」とか「いいね」とか「そうなんだ」という前向きな反応になってきます。この状況になったとき、**相手の記憶力はぐんと増します**。すると、**想像力も広がっていく**のです。

これができれば、都市伝説は語れます。ただし、ダラダラと話していると飽きてしまいます。動画でいうと、そのチャンネルから出ていかれます。

“話し方には効率が求められる”

相手が飽きる前に、再度疑問形を取り入れると、また興味を引くことができます。これを繰り返せば、効率のよい話になり、話し手と聞き手それぞれに望ましい結果が訪れるはずです。

都市伝説は小噺 人間関係を築くツールに

話し方を上達させるには、やはり実践です。その材料に都市伝説を使ってもらいたいですね。初対面の人に出身地を聞くことはよくあることですね。会話が苦手な人はこの先の話題がないのではないでしょうか？　そのとき、例えば相手が山梨県の出身だったとしたら「山梨県にある○○神社の都市伝説、知ってますか？」と投げかけると、これまでにない反応があるはずです。

大切なのはこの反応。動画の場合、その反応は想像することにほかなりませんが、関係者からの意見や再生回数などから課題を見つけ、次に生かします。

ぜひ、本書や動画の都市伝説を会話のネタに使ってください。

都市伝説は誰もが好きな小噺

だと思っています。

また同じ都市伝説でも私が話すのと、とーや君が話すのでは全然違う印象になります。だから、私たちのネタを使っても**あなただけのオリジナル都市伝説**になるはずです。

講座
2
講師
とーや

話すときに緊張する場合それ以上の緊張をつくる

8ページ企画なのに、1ページしかない……。でもコヤッキーさんがほぼ話してくれたのでちょうどいいです。テーマは精神論、話し方を上達するには

場数を踏むこと

にほかなりません。私は〝笑わせてなんぼ〟という環境で育ったので、とにかくボケを連発します。それが笑いにならなくても、**救ってくれる人って結構いますよ**。また、練習をしていた時期もあります。相手は友だちや知人。**自分の興味のあることを話題にすれば、意外に話せるな**と感じました。

緊張する人もいるでしょう。こう見えて私も緊張します。そのときは、

今以上に緊張する場面を想像する

のです。私の場合、趣味でやっているカードゲームの大会が緊張のマックス値ですけど……。あと実は**あえて声を低くして話します**。都市伝説ってそういうイメージがあるじゃないですか（笑）。

あの駄菓子屋はどこに？
思い出はパラレルワールド

～初公開のノスタルジー都市伝説～

ある世界から分岐し、別の世界が広がる。
パラレルワールドは創作作品で多用される舞台。
でもその世界こそが現実なのでは？と
思うような体験をした人もいるだろう。
コヤッキーがそんな実体験をはじめて語る……。

近所なのに見たことのない店 現れては消え、消えては現れる

日曜日の夕方6時〜7時は、あらゆる世代が共通して楽しめることがありますよね。そう、国民的な2つのテレビアニメです。どちらも昭和の舞台設定のままですが、子どもたちは違和感なく楽しんでいます。なぜか……。

私の故郷は「ちびまる子ちゃん」の舞台の静岡県。この作品には作者の実体験をもとにした話もあるといわれていますが、**たまに出てくる駄菓子屋の「みつや」は、モデルが明確ではない**そうです。〝お店のモデルだ！〟という情報がたくさん出ています。どれが本当で、どれが間違いなのか……。

私は**全部が正解**なんじゃないかなと思うんです。子どもの頃の実体験が、そんな気持ちにさせてくれました。

小学校2年生か3年生だったある日、友だちと自転車に乗って近所を走っていました。いつもと同じ景色ですが、なぜか**見たこともない駄菓子屋があった**のです。

家のすぐ近くなのに、なぜ気づかなかったのか!?

不思議でなりません。一晩で建てられるわけでもなく、お店には気さくなおばちゃんがいて、ずいぶん前から営業しているような雰囲気です。

それから少しして、再度お店に行きました。すると、**駄菓子屋はありません。**近くをまわっても見つかりません。「つぶれたのかな」と思いました。

しかし、またある日、友だちと遊んでいると、あの駄菓子屋があるのです。それからというもの、駄菓子屋は

現れては消え、消えては現れることを繰り返す

ようになります。

このことを親に話したかは記憶にありません。ただ、その駄菓子屋に行くためにお小遣いをもらったことはありました。そこで、とんでもないことが……。

お小遣いで買った一般流通していないカードダス

子どもにとっては、**お菓子だけでなく、付録もご褒美**ですよね。過去には、付録が目的となってお菓子を粗末にし、それが社会問題として取り上げられたこともありましたね。そして付録ではなく、それが主体の商品になることも。今でいう**トレーディングカードもそのひとつ**です。プロ野球やキャラクターものなど、古くから付録のカードはありますが、アニメやテレビゲームを題材にし、戦って競い合うカードダスは、私の幼少期が走りだったのではないでしょうか。今思うとこの頃にコレクションの魅力を知ったのだと思います。

ある日、友だちと川へ遊びに行きました。そこにはほかの小学生がいて、トレーディングカードを取り出し、袋を捨てていました。私たちは注意し、ゴミを拾いました。それをある大人が見ていたのです。それは、

“あの駄菓子屋のおばちゃん”

おばちゃんに褒められたのち、おばちゃんについていくと、あのお店があるのです。建物も人も存在し、お店の人とも会話をしている。しかも、自分だけでな

カードダス
1988年からバンダイが発売しているトレーディングカード。マンガやアニメを題材にしているのが特徴。

く、友だちも一緒にいる。これは**勘違いでも、錯覚でもない、**

リアルな世界での出来事

なのです。ただ、やはりその後も駄菓子屋は、〝消えては現れる〟を繰り返します。またある日、駄菓子屋が姿を現しました。その日はいつもより多めのお小遣いを持っていて、私の目的は某有名アニメのカードダス。目的のものが買えて気分は最高です。ところが、このあと、不思議なことが……。

カードダスを友だちに見せると、そのカードは、**誰も持っていないもので、その種類自体を誰も知らないもの**、つまり

一般に流通していない種類のカードだった

のです。レアものというわけでもありません。そのカードが世の中に存在しているかどうかもわからないのです。とにかく一般的に流通していないのは確かです。仮に非公開のカードがあったとしても、地方の小さな街の駄菓子屋にあるものでしょうか。もしかしたら私と友だちは、現実世界とは違う

別世界の駄菓子屋に行き来していたのかも……。

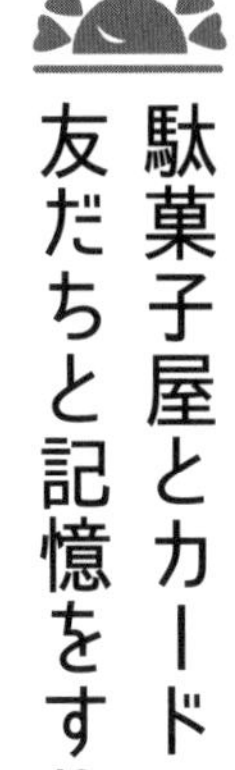

駄菓子屋とカードの今は？友だちと記憶をすり合わせる

子どもの頃と大人になった今で、印象が異なっていることってありますよね。例えば小学校の校庭は広いと思っていたのに、大人になって訪れると狭かったとか。

私が体験した駄菓子屋も大人になって訪れると違う印象なのかもしれない、そう思い、確かめに訪れてみたことがあります。その場所には、クリーニング店がありました。

実は駄菓子屋のことについて、私は大人になって誰にも話さずにいました。あるとき、友だちから電話があり、友だちからその話を聞かされ、私の記憶にも残っていたというわけです。

残念ながら、私も友だちも当時のカードを保管していませんでした。私の買ったカードはいったいなんだったのか、それを証明する物がないのです。

ただ、私と友だちの記憶には、駄菓子屋があった世界が確実に存在しています。

でもそれがどこにも見当たらない……。とすると、これは

パラレルワールドで生きていた

と考えるしかありません。

冒頭でも述べましたが、創作物はパラレルワールドをたびたび舞台にします。それは見るものが**望んでいる世界**なのかもしれません。

つまり、**その世界に行きたいという気持ちが強ければ、別世界が現れるかもしれない**のです。もしかしたら

意識だけが別世界にいる

のかもしれません。

私にとって駄菓子屋は、友だちと、楽しい時間を過ごせる、とても居心地のいい場所でした。

ではメタバースはどうでしょうか？　現実の世界とは違うところで生きてい

く。パラレルワールドと違うのは、**メタバースは別の誰かによって設定された世界**であること。〝今の世界より、そっちの世界のほうがいい〟と思って訪れる場所のように思います。

この先、みなさんがどこで生きていくのか。

誰かによって準備されているところより、自分が望む世界をつくり出してみてはいかがでしょうか？

〝自分が幸せになれる世界〟

未来に視線を向ける際、これを一番に大切にしたいですよね。**都市伝説がみなさんが望む世界に行くきっかけになる**かもしれません……。

あとがき

巷に転がる都市伝説だから

この本を読んで、都市伝説の持っている魅力やパワーに気づきましたでしょうか？みなさんの人生にどんな影響力がありそうですか？本書では現実社会から過去、未来、超常現象まで、幅広い都市伝説を取り上げました。

未来が不安になったでしょうか？
期待したくなりましたか？
怖くなりましたか？
笑えましたか？
ロマンを感じましたか？

数々の都市伝説にはそれなりの根拠があります。でも、決定的な証拠があるわけではありません。紹介している私たちがいうのもなんですが、

嘘なのか真実なのかはわからない

のです。

ただひとついえることは、興味本意でもこうした都市伝説を知ることで、日常生活から距離を置き、**自分自身や世界、さらには将来について考える時間を持てる**ことです。ちょっとした意識の変化は、肩の力が抜け、視野が広がり、心のリセットにつながるのではないかと思っています。つまり、

都市伝説はエンタメ

なのです。

普段みなさんには、ＹｏｕＴｕｂｅで都市伝説をお伝えしています。私たちの声や表情、しぐさがある動画と文字だけの本とでは印象が大きく変わったと思います。実はこの本で紹介した都市伝説の多くは、ＹｏｕＴｕｂｅでも取り上げたネタです。書籍化にあたり、いくつかの都市伝説を組み合わせたり、内容を整理したり、補足情報を入れたりしていますが、まったく違う都市伝説として受け止めていただけたものもあるのではないでしょうか？

都市伝説はその時々で変化する

ということです。

動画での主題は怖い話をしているのに、ボケたりツッコんだり、呆れたり、笑ったりしている私たちですが、それは**都市伝説を大いに楽しんでいる**からなんです。それをみなさんに好き勝手に伝えているだけ。だから、みなさんもおもしろいなと感じた都市伝説は、友人や家族、恋人などにどんどん伝えていってください。きっと、内容が少しずつ変わってオリジナルの都市伝説ができるはずです。こうして、都市伝説がより深く語り継がれていくのです。

巷にはまだまだ都市伝説が転がっているようです。これからもYouTubeなのか、ライブなのか、本なのか、それともまた違ったところでか、ちょっと鳥肌が立つような、でもくすっと笑える都市伝説をお届けしていきます。また近くみなさんに会えることを楽しみにしています。

コヤッキー
とーや

コヤッキースタジオ

YouTube でコヤッキースタジオと検索！

巷に転がる都市伝説紹介チャンネル。怖い内容からポッと笑える都市伝説をほぼ毎日更新。

◎コヤッキー

twitter → koyakky1219 で検索

◎とーや

twitter → touyach0724 で検索

著者紹介
コヤッキースタジオ

巷に転がる都市伝説を紹介するYouTubeチャンネル。テラーのコヤッキー（主にツッコミ）と（自称）都市伝説アンバサダーとーや（主にボケ）の掛け合いが好評。2019年にYouTubeチャンネルを立ち上げ、2023年2月に90万人を突破。明日、友達に話したくなるような都市伝説をほぼ毎日更新。主催するトークイベント「コヤスタナイト」をはじめとしたイベント活動も積極的に行っている。

STAFF

編集	戸田竜也（KADOKAWA）、セトオドーピス
デザイン	芝 智之
カバーイラスト	近藤歩
本文イラスト	近藤歩、ちゅい
校正	一條正人
写真	PIXTA、photolibrary、iStock

コヤッキースタジオ都市伝説

Lie or True あなたは信じる？

2023年3月2日　初版発行

2023年4月30日　3版発行

著　者　コヤッキースタジオ
発行者　山下直久
発　行　株式会社KADOKAWA
〒102-8177 東京都千代田区富士見2-13-3
電話0570-002-301（ナビダイヤル）
印　刷　大日本印刷株式会社

●お問い合わせ
https://www.kadokawa.co.jp/（「お問い合わせ」へお進みください）
※内容によっては、お答えできない場合があります。
※サポートは日本国内のみとさせていただきます。
※Japanese text only

定価はカバーに表示してあります。

ISBN 978-4-04-606045-7 C0095